FRANZISKA SCHNEIDER-STOTZER

Von Frühlingserwachen, Ostern und Himmelfahrt

FRANZISKA SCHNEIDER-STOTZER

Von Frühlingserwachen, Ostern und Himmelfahrt

Frühling

Feste und Bräuche im Jahreskreis

rex verlag luzern

IMPRESSUM

Die Deutsche Bibliothek –
CIP-Einheitsaufnahme
Ein Titeldatensatz für diese Publikation
ist bei Der Deutschen Bibliothek
erhältlich.

Graphik, Titelbild und Illustrationen:
Madeleine Marti, Kriens
Satz Lieder: Titus Bürgisser-Stalder, Emmen
Fotos: Seiten 34, 65, 75, 83, 104, 133
Roger Glauser, Büren a. A.
Fotos: Seiten 28, 30, 45, 67, 68, 76, 77,
84, 95, 97, 105, 108, 134
Franziska Schneider-Stotzer
Lithos: Express Design & Publishing AG,
Kriens
Gesamtherstellung: Proost, Turnhout
ISBN 3-7252-0705-4

Alle nicht bezeichneten Gedichte, Gebete usw.
sind von der Autorin.

Kopf
Inhalte, Ursprünge und Wandel von Festen und Feiertagen

Herz
Eine Fülle von Geschichten, Gedichten, Liedern, Spielen ...

Hand
Gestaltungsvorschläge, Bastelanleitungen und Rezepte

INHALT

Der zeitliche Rhythmus mit dem Wandel in der Natur prägt den Menschen und die entsprechenden Feste der verschiedenen Jahreszeiten seit jeher. Wie keine andere Zeit deutet der Frühling auf das neu erstehende Leben in der Natur hin. Das Totgeglaubte wird wiedergeboren, Büsche und Bäume ziehen ein neues Lebenskleid an und wärmende Sonnenstrahlen, bunte Blumen, duftende Wiesen und jubelnde Vogelkonzerte beglücken die Sinne: Lebensfreude überall! Dieses Gleichnis in der Natur schenkt uns Menschen die Erfahrung und Gewissheit, dass nach jeder Dunkelheit wieder Licht und Freude aufscheinen, dass Eis in der Wärme schmilzt und aus dem Erstarrten neues Leben hervorbrechen kann. Die christliche Osterbotschaft ist das Versprechen an die Menschheit, dass dieses Leben und dieser Neuanfang nicht auf die materielle Existenz beschränkt bleiben oder mit dem Tod gar ihr Ende finden, sondern dass es ein eben solches Auferstehen in den Himmel gibt, in eine geistig-göttliche Welt hinein, welche der materiellen, endlichen Dimension übergeordnet ist. In diesem Bild können wir den menschlichen Körper als das Blätterkleid der Seele verstehen, welches sie nach Ablauf eines Lebenszyklus der Erde zurückgibt, um in ihre eigentliche Heimat einzukehren. »Es wird gesät ein natürlicher Leib, es wird auferstehen ein geistiger Leib. Gibt es einen natürlichen Leib, so gibt es auch einen geistigen.« (1. Kor. 15,43ff) Somit kann uns der Frühling zum Bild des steten Neubeginnens auf verschiedensten Ebenen werden: von der kleinsten Neugeburt mit jedem Atemzug, jedem neuen Morgen, über grössere innere und äussere Anfänge, Jahre, Lebensabschnitte und Leben von Stufe zu Stufe dem ewigen Frühling entgegen.

Das Ostermotiv – eine Sinnsuche

Am Ostersonntag Eier und Nester zu suchen, bereitet nicht nur Kindern grossen Spass, sondern hat seinen tieferen Sinn. Es geht auf einer höheren Ebene um die Sinnsuche des Menschen nach den versteckten Kostbarkeiten und Grundfragen menschlicher Existenz: Woher kommt der Mensch? Wozu ist er auf dieser Erde? Wohin geht er nach seinem Sterben? Die zentralen Aussagen des Christentums gründen im Feiern des Osterfestes. Ohne Ostern würde der christliche Glaube seinen Hauptcharakter verlieren. Jesus ist von den Toten auferstanden. Da stellt sich spontan die Frage: Und wohin gingen die Toten vor Christi Auferstehung? Jesus Christus hat uns die Erlösung, die Rettung, die Befreiung gebracht. Wovon musste die Menschheit erlöst werden? Warum wurde dem jüdischen Volk von Gott durch seine Propheten über Jahrtausende ein Retter, ein Messias, ein Heilsbringer verheissen? Diesen und anderen Fragen rund um die österliche Sinnsuche wollen wir gemeinsam mit unseren Kindern nachgehen. Die Frühlingszeit bietet eine Fülle von einleuchtenden Sinnbildern und die Natur selbst ist reich an sinnlichen Eindrücken, welche wir mit Kopf, Herz und Hand in unser Tun einbeziehen können. Dabei unterstützen uns nachfolgend vorgestellte Festgestaltungselemente.

Literaturtipp: Wer sich in Bezug auf persönliche Wachstums- und Reifeprozesse für die tiefenpsychologische Deutung der Jahresfeste interessiert, findet in folgenden Büchern reiches Material:
Hans G. Behringer: Die Heilkraft der christlichen Feste. Kösel/Claudius, München 1997.
A. Bittlinger: Das Geheimnis der christlichen Feste. Kösel Verlag, München 1995.

Der Jahreszeiten-Tisch

Er ist der besondere Platz in der Familie, im Schulzimmer oder Kurslokal, auf welchem wir sichtbar darstellen, was sich draussen in der Natur abspielt und was uns die entsprechenden Feste mitteilen wollen. Wir gestalten diese »Mitte« als zentralen Ort stets neu mit farbigen Tüchern, Schätzen aus der Natur, Figuren, Bastelarbeiten, Kerzen und Bildern zu Festinhalten, Naturstimmungen oder Sternzeichen. Die Bilder (zu biblischen Geschichten, Legenden, Sinnbildern, Natur, Sternzeichen, ...) können an einer über dem Jahreszeiten-Tisch befestigten Pinnwand oder Magnettafel angebracht werden. Es empfiehlt sich eine entsprechende Sammlung anzulegen, damit die benötigten Bilder stets zur Hand sind. Geeignete Darstellungen finden wir in Kalendern, Kunstbüchern, auf Kunstpostkarten (bei Bedarf farbig kopieren und vergrössern). Bestelladressen finden sich auf S. 36. Im Laufe der Zeit wird dieser liebevoll gestaltete Platz den Kindern zum vertrauten Begleiter, der sie mit dem heilsamen Rhythmus des Jahreslaufs und den Festinhalten verbindet.

Figuren
In selbst gestalteten Figuren wird ein Stück von uns lebendig. Wenn wir Kindern damit Geschichten vorspielen und noch mehr, wenn sie selber spielen dürfen, verstärkt sich dieser Effekt. Sinnbildlich zeigt sich dies beim Handpuppenspiel, bei dem sich die Kinder gern mit dem Helden – zum Beispiel dem Kasperle – identifizieren. Es lohnt sich mit Kindern solche Handpuppen herzustellen. Märchen, Legenden und andere Geschichten zu den Jahresfesten lassen sich damit wunderbar anschaulich machen und erleben. Anregungen zu einem Osterspiel finden sich im Kapitel Frühlingsanfang, eine Anleitung zum Selberbauen am Schluss des Buches im Kapitel Handpuppen. Eine weitere sehr empfehlenswerte Figurenart bilden die biblischen Erzählfiguren aus Sisaldraht, welche man dank ihrer Beweglichkeit als lebensnahe Bilder aufstellen und die Szenen laufend verändern kann (dem Fortgang der jeweiligen Geschichte entsprechend). Im geplanten Winterband dieser Buchreihe findet sich eine Anleitung zum selber Gestalten mit einfachen Mustern zum Umziehen je nach Thema und Bedarf. Entsprechende Kurse werden vielerorts angeboten. Parallel dazu lassen sich Figuren aus Holz, Lehm, Kinderknete, Draht, Filz, Wolle, Wachs, Papier und Naturmaterialien wie Wurzeln, Steine u. ä. herstellen. Auch Tiere gehören dazu; in der Osterzeit sind dies kleine Lämmlein, Hasen, Schmetterlinge.

Farbige Gazetücher
Mit Gazetüchern haben wir leichte, grosse und formbare Farbflächen zur Verfügung, die sich vielseitig einsetzen lassen: raffen, spannen, drapieren, aufhängen, wickeln, einrollen, flechten, knoten u. a. m. Mit Hilfe dieses preisgünstigen Gestaltungsmaterials können wir im Nu eine andere Farb-Stimmung in unsere Räume zaubern: Auf dem Jahreszeitentisch als Hintergrundfarbe des jeweiligen Monats oder Festes (Näheres dazu im Sommerband dieser Reihe), als märchenhafte Schleier vor Fenstern, für stimmige Dekorationen auf Esstischen, für Himmelbetten, als Theaterkulisse, zum Verkleiden ...
Bezugsquellen für die Schweiz sind beim rex verlag, Tel. +41 (041) 419 47 00 oder bei der Autorin, Tel. +41 (032) 351 18 09 zu erfahren.

Musik und Tanz
Durch Gesang, Instrumentenspiel und Tanz drücken Menschen in allen Jahrhunderten und Ländern ihre Gefühle aus und stimmen sich auf die unterschiedlichen Festinhalte ein. Die Palette reicht von Klageliedern über Lobgesänge bis hin zu Freudentänzen. Harmonische Musik ist die Sprache der Seele, sie kann unsere edelsten Seiten (vgl. Saiten!) zum Klingen bringen.
Ausser den im Buch abgedruckten Liedern existiert eine Fülle von altüberlieferten, aber auch neuen Liedern zu den Jahresfesten. Kirchengesangsbücher und Liedersammlungen für Kinder sind eine reiche Quelle zum Durchblättern, die Melodien lassen sich auf der Blockflöte ausprobieren.

Vor jedem Fest oder Feiertag können wir die Kinder mit folgendem Lied auf die besondere Zeit einstimmen – und immer weckt es von neuem Erwartungen und Vorfreude!

Gott hat ein Fest bereit

Melodie: Monika Henking
Refrain aus dem gleichnamigen Lied »Mir freued eus«.
Erhältlich bei: Ev. Ref. Landeskirche, Postfach, Hirschengraben 50, CH-8025 Zürich

Düfte, Speisen und Getränke
Sie gehören ebenso als unverzichtbarer Bestandteil zu Festzeiten wie Musik und entsprechende Farben. Dank unserer Erinnerungsfähigkeit bringen wir wiederkehrende Düfte sofort mit der jeweiligen Feststimmung in Verbindung. Deshalb ist es sinnvoll, bestimmte Speisen nur zu den passenden Gelegenheiten und Festen zuzubereiten. Sie bleiben so etwas Besonderes, worauf wir uns immer wieder freuen können. »Bald gibt es wieder Osterfladen, ... mmh!«, jubelt dann Gross und Klein.

Spiele und Erlebnisse in der Natur
Das Wiedererwachen der Natur mit Kindern zu erleben, all die spriessenden Blümlein zu bewundern, den Vogelstimmen am frühen Morgen andächtig zu lauschen, die wärmenden Sonnenstrahlen auf der Haut zu fühlen, den ersten Schmetterling zu beobachten aber auch herumzutoben, sich wieder nass machen dürfen und in den Frühling hinauszuschreien – dies alles gehört zu elementaren Kindheitserfahrungen. Sie verankern das Vertrauen, dass auf jeden Tod, auf jedes Verwelken neues Leben, neue Pflanzen, neues Glück folgt!

Gestalten und Schmücken
Durch liebevoll gestaltete Werkarbeiten und besonders geschmückte Häuser/Räume/Türen/Tische/Geschenke unterstreichen wir die festliche Atmosphäre und bringen uns beim Verwandeln selber in Stimmung. Das Gestalten passender Sinnbilder und Dekorationen lässt Festinhalte mit den Händen »be-greifen«.

Sinnbilder und Rituale
Ein bedeutendes Ritual im Christentum ist das Abendmahl mit den Sinnbildern Brot und Wein als Zeichen des neuen Bundes durch Jesus Christus. Aber auch das Holen des Osterwassers am frühen Sonntagmorgen z. B. ist ein Ritual, mit dem wir ausdrücken können, dass wir alle das Wasser des Lebens brauchen.

Sinnbilder wie Wasser oder Brot sprechen eine universelle Sprache, die von allen verstanden wird. Wir kennen sie aus Märchen, Mythen, Träumen und den Gleichnissen Jesu.

Biblische Geschichten
Wenn wir Kinder mit dem christlichen Glauben vertraut machen wollen, dann ist es notwendig, dass wir nicht bei der Weihnachtsgeschichte stehen bleiben, sondern ihnen auch die Osterereignisse nahe bringen. Erst mit Ostern findet die Weihnachtsbotschaft ihre Erfüllung: Erlösung nach Leiden und Tod, neues Leben, neuer Anfang, Auferstehung!

Gebete und Meditationen
Still werden und auf die innere Stimme hören, beten, staunen und danken gehören zu den wertvollsten Erfahrungen, die wir Kindern vermitteln können. Sie fördern Hingabe und Achtsamkeit unserem Schöpfer, allen Mitmenschen und der ganzen Natur gegenüber. Die Osterzeit ist besonders passend, um mit den Kindern über das Gebet »Vater unser« nachzusinnen. Dieses Gebet, welches Jesus seinen Freunden geschenkt hat, ist wie ein Bild der göttlichen Heilsgeschichte: Es beginnt mit dem Vater im Himmel, welcher als Vater aller Menschen aus einer himmlischen Dimension heraus wirkt. Sein Name soll uns heilig sein, wir wollen ihn ehren und loben für seine wunderbare Schöpfung, ihm danken für das Leben, die Freude, das Glück. Sein Reich komme zu uns, er möge seine Engel aussenden zu uns, damit sie uns behüten und führen. Wir bitten in diesem Gebet darum, dass sein Wille nicht nur im Himmel – in der geistig-göttlichen Welt – geschehe, sondern auch auf dieser Erde, wo es nicht immer nach dem Willen Gottes geht, wo auch ein anderer widergöttlicher Wille sich auslebt in den Menschen. Aber wir wollen Werkzeuge seines Willens werden; unsere Ohren sollen ihm dienen (z. B. kein übles Geschwätz über andere verbreiten), unsere Augen das Schöne sehen, unser Mund die Wahrheit sprechen, unsere Hände das Gute tun. Mit all unseren Sinnen wollen wir Gottes Willen erfüllen. Wir bitten Gott um das tägliche Brot, um Gesundheit und Kraft, damit wir unser Brot verdienen können (oder in der Schule das Richtige und Wichtige lernen können), auch für diejenigen, denen es nicht möglich ist, für sich selber zu sorgen. Wir danken für das Brot, das uns in Fülle geschenkt wird und teilen freudig mit allen Menschen dieser Erde – so erfüllen wir Gottes Willen. Aber wir machen auch Fehler, und das tut uns Leid. So wie wir bei unseren Mitmenschen um Entschuldigung bitten, so bitten wir auch Gott um Verzeihung; wenn aber jemand gegen uns gemein oder böse war, wollen wir ihm jetzt ebenfalls vergeben und den Vorfall vergessen. Weil wir wissen, dass wir auch manchmal auf weniger gute Einfälle hören und nahe daran sind etwas Übles zu tun, wollen wir Gott bitten, dass er uns davor bewahre. Wir bitten ihn darum, dass er uns von der Macht des Bösen erlösen möge, wie es Jesus Christus getan hat – immer wieder neu, damit wir einmal in Gottes Reich, in seine Herrlichkeit und seine Ewigkeit auferstehen können, dort, wo alles begonnen hat.
Vorformulierte Gebete und geeignete Morgen- oder Abendlieder finden sich im Herbstband dieser Reihe in den Kapiteln Elemente der Festgestaltung und zum Schutzengelfest.

Vorfrühlingsmandala
(Pieter D.Torensma)

Einführung

Der Aschermittwoch markiert das Ende der Fasnachtszeit und den Anfang der 40-tägigen Fastenzeit vor Ostern (die 6 Sonntage zwischen Aschermittwoch und Ostern werden nicht mitgezählt).

Aschermittwoch

In frühchristlicher Zeit (bis zum 6. Jh.) wurden Sünder und Sünderinnen, die Ehebruch, Mord oder Glaubenszweifel begangen hatten, im Gottesdienst öffentlich mit Namen genannt, mit Asche bestreut und sie mussten während der ganzen Fastenzeit Busse tun. Sie mussten ihr Haupt kahlscheren, trugen sackähnliche Bussgewänder und waren aus der Gottesdienstgemeinschaft ausgeschlossen. Erst am Gründonnerstag wurden sie wieder in die Kirche aufgenommen.

Im 10. Jh., als das öffentliche Schuldbekenntnis nicht mehr gepflegt wurde, entstand der Brauch des Segnens mit dem Aschenkreuz, das allen Gläubigen auf die Stirn gezeichnet wird. Meist stammt die Asche aus den verbrannten Palmzweigen der vorjährigen Palmsonntagsprozession. Dies ist in der katholischen Kirche heute noch Brauch. Das Kreuz soll an die eigene Sterblichkeit erinnern. Der Priester spricht dazu die passenden Worte: »Bedenke Mensch, dass du Staub bist und wieder zu Staub zurückkehren wirst.« Unsere Lebenszeit ist beschränkt, Innenschau und Gewissensforschung sind angesagt. Asche war denn auch immer ein Bild der Vergänglichkeit, Schuld und Trauer (vgl. in der Bibel: 1. Mose 3,19; 18,27; Sir. 40,3; Hiob 2,8; 13,12; Ps. 102,10). Sie ist aber zugleich ein Bild der Reinigung, Reue und Vergebung.

Aus Asche und Olivenöl wurde Seife hergestellt, mit Asche und Wasser wurde geputzt. Das kann man Kindern eindrücklich demonstrieren, indem man z. B. verruste Scheiben eines Kaminofens mit Wasser und Zeitungspapier oder einen fettigen Kochkessel mit Asche aus dem Picknickfeuer reinigt. Asche ist auch ein Bild der Wandlung und Fruchtbarkeit, ja sogar Heilung (im übertragenen Sinn, nämlich von den Sünden); Vulkanasche ergibt äusserst fruchtbaren Boden. Asche wird als profanes Düngemittel eingesetzt und vermittelt so, dass aus Verbranntem, Totem neues Leben wächst. In der Heilkunde werden die spagyrischen Essenzen aus veraschten Substanzen hergestellt. Medizinalkohle ist ein altbewährtes Mittel bei Magen-Darmverstimmungen. Wenn es uns nicht gut geht, sehen wir aschgrau aus; wir kennen aber auch die Redewedung: »Er stand auf wie der Phönix aus der Asche«, was so viel sagen will wie: Das Unglück machte ihm nichts, er überlebte. Dieser Ausdruck geht zurück auf einen vielschichtigen Sagenkreis um den unsterblichen Vogel Phönix, der im Feuer verbrennt, aber immer wieder aus der Asche aufersteht.

(= Symbol für die Unsterblichkeit der Seele, für Wiedergeburt und Erneuerung)

Der Vogel Phönix

Nun gibt es fürwahr in Indien einen Vogel, der wird Phönix geheissen. Ist aber der Phönix ein noch lieblicherer Vogel als der Pfau; denn die Flügel des Pfaus schimmern von Grün und Gold, die des Phönix aber von Hyazinth und Smaragd und kostbarem Edelgestein, und ein Krönlein trägt er auf dem Haupte, und eine Kugel hat er zu seinen Füssen wie ein König. Aber jeweils alle fünfhundert Jahre macht er sich auf zu den Zedern des Libanon, und da füllt er sich seine Flügel ganz an mit Wohlgerüchen, und dies zeigt er dem Priester der Sonnenstadt an, im neuen Monat. Der Priester geht hin und schichtet auf dem Altar Holz vom Weinstock hoch auf. Der Vogel aber kommt zur Sonnenstadt, voll beladen mit Wohlgerüchen und stellt sich oben auf den Altar. Das Feuer erfasst ihn und er verbrennt. Und der Priester, wenn er am folgenden Tag den Altar durchsucht, findet einen Wurm in der Asche. Und am zweiten Tage wachsen ihm Flügel und man findet ihn als Vogel-Junges. Am dritten Tag aber findet man, dass er wieder so geworden ist wie ehedem. Und er grüsst feierlich den Priester, fliegt hoch und zieht von dannen nach seiner alten Stätte.

Sage aus Griechenland

Aus: Hermine König: Das grosse Jahresbuch für Kinder. Kösel, München, Neuausgabe 2001

Die Geschichte bietet sich an, um mit den Kindern über Situationen zu sprechen, in denen wir uns selber aschgrau fühlten, oder wie ein elender Wurm in der Asche. Wir können aber auch andeuten, was uns darüber hinweggeholfen hat und wie uns wieder Flügel der Lebensfreude gewachsen sind!
Vielleicht veranstalten wir ein kleines Ritual, indem wir unsere aschgraue Stimmung (nach Streit, Lüge, Ärger, Enttäuschung, Trauer, Schmerz) mit Kohlestift auf ein Papier zeichnen oder schreiben und anschliessend in einem Feuer verbrennen. Gegebenenfalls können wir einander mit der verbrannten Asche ein Kreuz auf die Stirn zeichnen, als Zeichen des Neuanfangs.
Es ist nicht immer leicht einen Fehler zuzugeben, zu einer Schuld zu stehen; dass sich der Mut lohnt es zu tun, zeigt folgende Geschichte:

Mut zur Umkehr

Mahatma Gandhi berichtet aus seinem Leben: »Ich war 15 Jahre alt, als ich einen Diebstahl beging. Weil ich Schulden hatte, stahl ich meinem Vater ein goldenes Armband, um die Schuld zu bezahlen. Aber ich konnte die Last meiner Schuld nicht ertragen. Als ich vor ihm stand, brachte ich vor Scham den Mund nicht auf. Ich schrieb also mein Bekenntnis nieder. Als ich ihm den Zettel überreichte, zitterte ich am ganzen Körper. Mein Vater las den Zettel, schloss die Augen, dann – zerriss er ihn. Es ist gut, sagte er noch. Und dann nahm er mich in die Arme.«

Aus: Willi Hoffsümmer: Kurzgeschichten 1, Grünewald Verlag, Mainz 1991, S. 34

40 Tage Vorosterzeit/Fastenzeit

Die Zahl 40 hat biblische Bedeutung. Im alten Testament sprechen davon zahlreiche Texte: 40 Tage lang strömte der Regen der Sintflut (1. Mose 7,12); 40-jährige Wanderung des Volkes Israel von Ägypten nach Kanaan (Ex. 16,35); 40-tägige Gottesbegegnung Moses auf dem Berg Sinai (Ex. 24,18); 40-tägige Wanderung des Propheten Elia zum Berg Horeb (1. Kön. 19,8).
Im neuen Testament finden sich parallel dazu das: 40-tägige Fasten Jesu in der Wüste (Mt. 4,2; Lk. 4,2); und 40 Tage nach der Auferstehung die Himmelfahrt Christi.
Es scheint sich um eine Art geistige Weglänge zu handeln, bis ein Ziel erreicht, etwas zu Ende/in Erfüllung gebracht werden kann. Dieser 40-tägige Fastenweg hin zu Ostern hat eine ähnliche Funktion wie die Adventszeit vor Weihnachten, nämlich als Einstimmungszeit. Der Inhalt und das Thema der beiden Feste ist jedoch ganz unterschiedlich. Mit Weihnachten feiern wir die Geburt des Erlösers, mit Ostern seinen Tod, die Auferstehung, die Erlösung. Auf diesem Weg

durch die Vorosterzeit begleiten uns einerseits das Mitgehen und Mitleiden mit Christi Leben, Leiden und Sterben, andererseits die Vorfreude auf die österliche Auferstehung und das neue Leben in der Natur.

Vorfreude: Vorosterzeit

Wie ein helles Licht beleuchtet der Osterjubel schon jetzt unseren gemeinsamen Weg. Parallel zum Wiedererwachen und Aufblühen der Natur blühen auch wir zusehends auf. Die Tage werden länger, die Sonne scheint wärmer; es ist eine Steigerung an Lust und Lebensfreude, die ihren Höhepunkt im Wonnemonat Mai am Fest der Himmelfahrt erreicht.
Das Christentum hat die vorchristlichen Frühlingsfeiern nach dem starren Winter in sinniger Weise mit dem Tod (Winter) und der Auferstehung/Erlösung (Frühling: neues Leben beginnt) verbunden. In dieser langen Zeit bleibt genügend Raum, um uns gestaltend und erlebend mit den österlichen Inhalten und Sinnbildern zu beschäftigen.

Innenschau (mitgehen/mitleiden): Fastenzeit

In diesem Zusammenhang steht das Fasten. Es geht hier nicht in erster Linie um den äusserlichen Verzicht auf Nahrung, obwohl diese Zurückhaltung die innere Gestimmtheit unterstützen kann. Der oder die Fastende fühlt sich leichter und ist nicht mehr so stark von den körperlichen Bedürfnissen abhängig. Er oder sie braucht nicht alle Kräfte für die Verdauung und somit bleibt Raum für andere Wahrnehmungen; die Besinnung auf das Eigentliche, Wesentliche wird möglich. Es geht genauso viel um das »Fasten«, den Verzicht auf äusserliche Betriebsamkeiten, Dinge und Haltungen, welche uns von unserer Verantwortung und unseren Aufgaben ablenken. Es ist ein Fasten, wie es der Prophet Jesaja sehr schön und einleuchtend beschrieben hat:
»Das ist Fasten wie ich es liebe (...), die Fesseln des Unrechts lösen – mit Hungrigen das Brot teilen – Arme und Nackte bekleiden – sich seinen Verwandten, seiner Familie nicht entziehen.« (Jesaja 58,6-8)
Fasten heisst in diesem Sinn nicht selbstquälerische, genussfeindliche Askese, sondern meint eine Verinnerlichung, der eine Weltzuwendung folgt, wie Christus sie uns vorgelebt hat. Die Fastenzeit kann uns Anstoss geben zu mehr Mitleid, Bescheidenheit und Verzicht zugunsten unserer Nächsten und der Welt. Mitgehen und mitleiden bedeutet aber auch, sich mit eigenen leidvollen Erfahrungen auseinander setzen. Es ist dies Selbsterkenntnis im besten Sinn, denn in Schmerz- und Leidenszeiten machen wir Erfahrungen, die oft in menschliche Reifeprozesse führen.
Wir leben heute in einer Zeit, in der Leid, Krankheit, Schmerz und Tod keinen Platz mehr haben. Die generell materialistisch ausgerichtete Naturwissenschaft suggeriert uns einen Machbarkeitswahn. Mit Hilfe der Gentechnologie z. B. will man alle Krankheiten in den Griff bekommen. Aber die elementarste Tatsache jeder irdischen Existenz, nämlich den Tod, kann auch die Gentechnologie nicht aus der Welt schaffen. Solange man den Urgrund des Lebens nur in Genen und Atomen sucht und nicht in der geistig-göttlichen Welt, bleiben Sinnfragen um Leben und Tod unbeantwortet.
Da Leben, Leiden, Tod, Auferstehung und Erlösung die Kernfragen menschlicher Existenz berühren, fordert uns die Osterzeit von Jahr zu Jahr zu einer neuen Auseinandersetzung mit diesen Themen auf.

Die österlichen Inhalte und Sinnbilder vermitteln Lebenslust, Zuversicht, Hoffnung auf ein Leben über Schmerz und Tod hinaus, auf Erfüllung und Gottesnähe.

Historisches

Das Fasten hat in allen Religionen und auch in der Medizin eine lange Tradition. Man fastete zur Verinnerlichung, vor grossen religiösen Festen und in Notsituationen aller Art. Claudius Galenus (Philosoph und Arzt, 131-200 n. Chr.) machte als Mediziner zum Fasten die heute noch gültige Aussage: »Hunger reinigt den ganzen Körper.«
Jesus selbst fastete 40 Tage lang in der Wüste: »Dann wurde Jesus vom Geist in die Wüste geführt, um vom Teufel versucht zu werden. Und als er 40 Tage und 40 Nächte gefastet hatte, hungerte ihn nachher. Da trat der Versucher zu ihm und sagte: ›Bist du Gottes Sohn, so gebiete, dass dieser Stein Brot werde.‹ ›Er aber antwortete und sprach: ›Es steht geschrieben: *Nicht vom Brot allein wird der Mensch leben, sondern von jedem Wort, das aus dem Munde Gottes hervorgeht.*‹ Darauf nimmt ihn der Teufel mit in die heilige Stadt und stellt ihn auf die Zinne des Tempels und sagt zu ihm: ›Bist du Gottes Sohn, so stürze dich hinab; denn es steht geschrieben: *Er wird seinen Engeln deinethalben Befehle geben, und sie werden dich auf den Händen tragen, damit du deinen Fuss nicht etwa an einen Stein stossest.*‹ Jesus sprach zu ihm: ›Hinwiederum steht geschrieben: *Du sollst den Herrn, deinen Gott, nicht versuchen.*‹ Wiederum nimmt ihn der Teufel mit auf einen sehr hohen Berg und zeigt ihm alle Reiche dieser Welt und ihre Herrlichkeit und sagt zu ihm: ›Dies alles will ich dir geben, wenn du dich niederwirfst und mich anbetest.‹ Da sagt Jesus zu ihm: ›Hinweg, Satan! Denn es steht geschrieben: *Du sollst den Herrn, deinen Gott anbeten und ihm allein dienen.*‹ Da verlässt ihn der Teufel; und siehe, Engel traten herzu und dienten ihm.« (Mt. 4,1-11)
Die Geschichte zeigt uns, dass der Mensch zwischen zwei Mächten steht, denen er sein Ohr leihen kann oder eben nicht. In Rückzugs- oder Fastenzeiten können wir Klarheit darüber erlangen, was für uns wesentlich ist, worauf es ankommt, wofür wir die uns verbleibende Lebenszeit einsetzen wollen und wie wir uns für die Anliegen Gottes stark machen können, damit uns seine Engel dienen und nicht die dunkle Seite.
Jesus sagte zum Fasten: »Wenn ihr aber fastet, sollt ihr nicht finster dreinschauen, wie die Heuchler ... Du aber salbe, wenn du fastest, dein Haupt und wasche dein Angesicht ...« (Mt. 6,16 ff) Fasten soll demnach nicht zur Schau gestellt werden; es geht vielmehr um eine seelische und körperliche Reinigung und Verschönerung. Die Jünger sollten nicht fasten, solange der Bräutigam (gemeint ist Christus) unter ihnen war (Mt. 9,14-17).
Im christlichen Raum war die Fastenzeit von der Kirche vorgeschrieben. Man musste sich des Fleisches, der Eier und besonders fetthaltiger Speisen enthalten. Im 4. Jahrhundert bezeichneten Kirchenväter das Fasten als »unterstützende Kraft bei der Schaffung eines schönen Geistes, der Reinigung des Herzens und der Wegnahme von schlechten Gedanken«. Ferner diente die Fastenzeit auch als Reinigungs- und Vorbereitungszeit für die Taufen der neubekehrten Christen und Christinnen, welche im frühen Christentum an Ostern stattfanden. Die Taufe war ein Sinnbild für die Auferstehung (in der Bedeutung eines Gesinnungswandels) des Täuflings und das neue Leben in Christus.

Fastenvorschläge

- Verzicht auf einen Luxusartikel, z. B. Schokolade, gesüsste Getränke u. a. m. Vielleicht verzichten die Eltern/Erziehende auf ein Suchtmittel wie Zigaretten oder Alkohol? Das gesparte Geld teilen wir mit Menschen, die weniger haben als wir.

- In Anlehnung an Christi Haltung bei seiner Verurteilung am Karfreitag können wir auch einmal darauf verzichten, uns zu rechtfertigen oder zu wehren, d. h. zurückstehen und so etwas zum Frieden beitragen.

- Sich für Benachteiligte stark machen: in Familie, Schule, Gemeinde, Politik usw., z. B. Briefe an Verantwortliche schreiben, persönlich vorsprechen, Unterschriften sammeln.

- Verzicht auf ein wenig persönliche Zeit: Familienleben pflegen, Verwandte besuchen, evtl. auch Menschen, die keine Verwandte haben; einander Hilfe anbieten u. ä. m.

Weltgebetstag
Am ersten Freitag im März findet jeweils der Weltgebetstag statt. Es ist eine wunderbare Sache, dass Menschen aus aller Welt sich zu einem gemeinsamen Gebet und zu gemeinsamen Aktivitäten für eine gerechtere und friedlichere Welt verbinden. Wir können uns diesem Kreis von Menschen auch in Familie und Schule anschliessen. Wir leben so im Bewusstsein, dass wir alle eine Einheit bilden und miteinander ein gewaltiges Kraftpotenzial freisetzen können.

Leitmotiv

Besinnung auf das Wesentliche, Gewissenserforschung, gemeinsam unterwegs sein:
- mit Christus, seinem Leben, Leiden, Sterben und Auferstehen

- mit unserem eigenen Leben, Leiden, Sterben und Neuwerden

- mit des Nächsten Leben, Leiden, Sterben und Weiterleben

Sinnbilder

Das Lamm
Das sanftmütige Lamm ist das klassische Ostersymbol für die Passion Jesu. Es war ein Bild für das unschuldige, wehrlose Opfer, lange bevor Osterhase und Osterei sich im Alltag einbürgerten. Der Prophet Jesaja spricht vom zukünftigen Messias: »Wie ein Lamm, das man zum Schlachten führt und ein Schaf angesichts seiner Scherer, so tut auch er seinen Mund nicht auf.« (Jes. 53,7) Johannes der Täufer sagt über Jesus: »Siehe das Lamm Gottes, das die Sünde der Welt hinwegnimmt.« (Joh. 1,29) Das Lamm erinnert an das Passahlamm, das die Juden zur Zeit des Passahfestes schlachteten (Erinnerung an die Zeit, als Moses das Volke Israel aus der ägyptischen Knechtschaft befreite und durch die Wüste ins gelobte Land führte). Christen haben diese Tradition übernommen; vielerorts (vor allem in der Ostkirche) gehört das am Spiess gebratene Lamm oder Zicklein bis heute zum Osterfest. Bei uns finden wir es zur Osterzeit in Form von weichen Kuscheltieren, Butterlämmern und süssem Gebäck. »Es ist ein alter Brauch, dass man zu Ostern

Eier, Rauchfleisch und ein Lämmlein aus Kuchenteig zur Kirche bringt, und alles das wird nach der Messe geweiht.« (aus: Anna Wimschneider: Lebenserinnerungen einer Bäuerin. Piper, München 1984)

Der Fisch

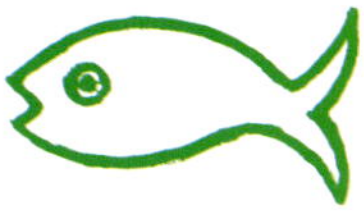

Fisch war die Ersatzspeise für Fleisch und Eier in der Fastenzeit.
Der Fisch ist ein Symbol für Christus, d. h. griechisch: ΙΧΘΥΣ, sprich: Ichtüs.
Die griechischen Buchstaben verwendete man als Anfangsbuchstaben von:

Ι	(I)	Iesus	Jesus
Χ	(CH)	Christos	Christus
Θ	(TH)	Theou	Gottes
Υ	(Ü)	Huios	Sohn
Σ	(S)	Soter	Retter

Mit der Zeichnung des Fischs konnte man sich im frühen Christentum, besonders während Zeiten der Verfolgung, als Christ oder Christin zu erkennen geben. Der Getaufte ist – wie ein Fisch – unter Wasser getaucht worden. Der Fisch erinnert zudem an die Vermehrung von Brot und Fisch (Luk. 9,13-17). Die Fischer (Jünger) Petrus und Andreas sollen Menschenfischer werden (Mt. 4,18-20). Beim Fischfang am See Tiberias erscheint der auferstandene Jesus und bereitet ihnen Fisch zu (Joh. 21,1-14).

Der Hahn

Der Hahn ist ein Symbol des Wachwerdens. Er erinnert an Petrus' erschrecktes Aufwachen, als der Hahn krähte, nachdem er Jesus dreimal verleugnet hatte. (Mt. 26,32-35; 26,69-75)

Das Huhn

Das Huhn legt die Ostereier.

Der Schmetterling

Beschreibung siehe Kapitel Nachosterzeit S.123.

Das Ei

Das Ei ist Zeichen des neu entstehenden Lebens im Frühling, der Fruchtbarkeit, des Weltenanfangs, der Göttergeburt. In vielen heidnischen Schöpfungsmythen spielt das Ei eine zentrale Rolle. Beim jüdischen Passahfest (= christliches Osterfest) erinnert das Ei an das Opfer, das man zu jedem Wallfahrtsfest darbrachte, manchmal auch an die Befreiung und das neue Leben nach der ägyptischen Gefangenschaft. Das Ei mit fester, geschlossener Schale symbolisiert im christlichen Kulturraum das fest verschlossene Grab, das aufgebrochene Ei die Auferstehung.[1] Dazu schreibt ein Kirchenlehrer aus dem 4. Jahrhundert: »Gleich einem Ei springt das Grab auf.« Augustinus verbindet mit dem Ei die österliche Hoffnung: »Die Hoffnung wird, wie mir scheint, mit dem Ei verglichen, denn sie ist noch nicht Wirklichkeit geworden. Auch das Ei ist ein Etwas, aber noch nicht das Kücklein. Die Schale deckt es. In Geduld möge man warten; es muss durchwärmt werden, um zum Leben zu gelangen. Legen wir aber unser Ei – das ist unsere Hoffnung – unter die Flügel jener Henne, der göttlichen Weisheit.« (vgl. Barbara Cratzius: Uns gefällt die Frühlingszeit. Herder 1993) Der gelbe Dotter versinnbildlicht die Sonne, welche ihrerseits für Christus steht.
Der Brauch Eier zu bemalen reicht weit

zurück. Schon vor 5'000 Jahren beschenkte man sich in China mit farbig verzierten Eiern zum Frühlingsanfang. Die Babylonier verteilten bei ihren Frühjahrsfeiern bunte Eier und die Inder fertigten rot verzierte Eier an. Auch bei unseren heidnischen Vorfahren in Europa waren rote Eier üblich. In Deutschland, in der Gegend um Worms, fand man in einem römisch-germanischen Kindergrab aus dem 4. Jh. Gänseeier, die mit Blumen bemalt waren. Eier waren im Altertum eine beliebte Grabbeigabe. Diese Sitte lebt abgewandelt weiter, im heutigen Brauchtum (z. B. in Griechenland) an Ostern ein rotes Ei auf die Gräber zu legen. Seit dem 12. Jh. werden die Eier in der Kirche gesegnet. Dass Eier ausgerechnet zu Ostern in so reichem Masse verzehrt wurden, hängt sicher auch mit dem Eierüberfluss nach der Fastenzeit zusammen (Eier gehörten so wie Fleisch zu den verbotenen Speisen während der Fastenzeit). Das Ei wurde zum Oster-Ei, das im Lauf der Zeit immer häufiger bemalt, verziert und auch verschenkt wurde. Verliebte schmückten es mit entsprechenden Zeichen und Sprüchen: »Als Zeichen meiner Lieb und Treu, bekommst du hier ein Osterei.«; »Das Ei ist rot, ist liebe dich, bis in den Tod.«; »Das Ei gehört dir, dein Herz aber mir.«; »Wenn auch das Ei zerbricht, doch unsre Liebe nicht.« Bis ins 16. Jh. lässt sich der Brauch der bunten Pateneier zurückverfolgen, welche Kinder von ihren Paten zu Ostern geschenkt erhielten. Die Urfarbe des Ostereis ist rot, die Farbe der Liebe, des Blutes, des Lebens und des Sieges. Rot war ebenfalls das sogenannte »Antlass-Ei«, mit welchem im Frühmittelalter die Naturalsteuern an kirchliche und weltliche Herren abgeschlossen wurden. Abgabetermin war der Gründonnerstag.

Der Hase

Die Fruchtbarkeit der Häsin ist altbekannt: Sie kann viermal jährlich 2-3 Junge auf die Welt setzen. Die grossen Ohren stehen für die Fähigkeit genau hinzuhören, aufmerksam zu lauschen und damit auch als Symbol für die Wachsamkeit gegenüber herannahender Gefahren. Wie das Lamm und die Ziege, so war auch der Hase ein Opfertier für vorchristliche Gottheiten. Man kann beobachten, dass ein Hase einen anderen, vom Feind verfolgten Hasen bei der Flucht ablöst, d. h. »für ihn ins Feld springt«. In buddhistischen und hinduistischen Legenden wird der Hase als ein Tier beschrieben, das sich für andere opfert. Der Hase war das heilige Tier verschiedener vorchristlicher Göttinnen, z. B. der griechischen Liebesgöttin Aphrodite und der altfriesischen Nehalennia, Göttin der ländlichen Fruchtbarkeit.
In der germanischen Mythologie soll er der Begleiter der Lichtgöttin Ostara/ Eostrae/Eastre (Morgenrot) gewesen sein, welche den Frühling ankündigt. So überliefert es Beda von Venerabilis um 700 n. Chr.

1) Eine armenische Buchmalerei (datiert auf 1038) zeigt den symbolischen Zusammenhang des Eis mit der Auferstehung in geradezu klassischer Weise: Die Frauen sind zum Grabe gekommen. Das Grab ist leer und der darauf sitzende Engel scheint gerade die Worte des Evangeliums zu sprechen: »Er ist nicht hier, er ist auferstanden.« Die Worte sind nicht, wie vielfach üblich, als Spruchband geschrieben, dafür ist aber über dem deutenden Finger des Engels ein schönes, weisses, grosses Ei zu sehen. Vgl: Brigitte Barz: Feiern der Jahresfeste mit Kindern. Urachaus, 1984
In Armenien lässt sich das Ostereierschenken schon in den ersten christlichen Jahrhunderten nachweisen.

Die Hasenbezeichnung Meister Lampe (= Leuchte, Lichtträger) deutet auf diesen Zusammenhang mit der Lichtgöttin Eostrae hin. In der Mythologie anderer Völker betrachtet man den nachtaktiven Hasen als Mondtier. Eine bedeutende Rolle nimmt der Hase im Weltbild der nordamerikanischen Indianer ein. Dort wird er als Schöpfer der Welt, Held und übermenschlicher Ahne betrachtet und stellt eine Verbindung zwischen dem Diesseits und dem Grossen Geist (Gott) her. Bei den Algonkins, einer indianischen Sprachfamilie in Nordamerika, wurde Menebuch, der Held in Hasengestalt, nach der Christianisierung zur Christusfigur. In der christlichen Symbolik hielt der Hase schon in den ersten Jahrhunderten Einzug. Gestützt auf Psalm 104, Vers 8
»Die hohen Berge sind der Gemsen Zuflucht und die Steinklüfte den Hasen«, und Sprüche 30, Vers 26 »Hasen sind ein schwaches Volk, dennoch legt es sein Haus in den Felsen«, deutete man die Hasen als die Neubekehrten, welche bei Christus – dem Felsen – Schutz und Heil suchten. In der christlichen Kunst erscheint der Hase z. B. bei Albrecht Dürer »Die heilige Familie mit den drei Hasen«. Die dreifache Hasenzahl findet man ebenfalls auf dem bekannten Hasenfenster im Kloster Paderborn (Deutschland), in den Kirchen Lauperswil und Lauenen und in der Kapelle des Klosters St. Joseph im Muotatal (Schweiz). Sie stehen sinnbildlich für Gott, Christus und den heiligen Geist. Die drei Ohren (anstatt sechs) in der Mitte sind Zeichen der engen Verbundenheit und des Zusammenspiels der drei Bereiche. Wir finden diese Hasen-Triade als Symbol göttlicher Allmacht auch im ausserchristlichen Kulturraum, so z. B. im grossen Höhlen-Kloster von Dunhuang der chinesischen Provinz Gansu. Der Hase wurde seit alten Zeiten mit dem Frühling in Zusammenhang gebracht. Im chinesichen Kalender beginnt das Frühjahr mit dem Monatstier Hase. Wann und wie der Hase jedoch zum eierbringenden Osterhasen geworden ist, kann man eher als jüngere Deutung ansehen. Im ausgehenden 17. Jh. wurde er erstmals in einer Chronik erwähnt. Wo der Osterhase nicht bekannt war, brachten andere Tiere den Kindern die Ostereier: der Hahn, der Kuckuck, der Kranich, der Storch oder gar der Fuchs.

Die Sonne

Die Sonne versinnbildlicht Christus, dessen Licht und Wärme die Finsternis/das Böse besiegt. Die Sonne steht aber auch für das ICH. Dieser Zusammenhang erinnert an Paulus, der seine tiefe Christus-Erfahrung so ausdrückt: »Ich lebe, aber nicht nur ich, sondern Christus lebt in mir.« (Gal. 2,20)

Osterbaum mit 7 Ästen

Der Osterbaum ist ein Sinnbild für den Lebensbaum Christi. Bei dem auf S. 34 beschriebenen Osterbaum mit seinen drei Kreuzen handelt es sich vermutlich um einen sehr alten Brauch. Er erinnert uns einerseits an Christi Kreuzigung (in der byzantinischen Kunst wurde Christus bei seiner Höllenfahrt oft mit einem mehrfachen Kreuz dargestellt), andererseits an den siebenarmigen Leuchter (Menora) der Juden, welcher als Abbild einer Ganzheit oder des göttlichen Schöpfungsanfangs (= Lebensbaum) verstanden werden kann. Das geistige Urbild

wurde von Mose geschaut, auf Anweisung des Herrn angefertigt und im heiligen Zelt, später im Tempel, aufgestellt (2. Mose 25,31-40). In der Bibel lesen wir an mehreren Stellen von den sieben Lichtern/Engeln um den Thron Gottes (Tob. 12,15; Off. 4,5). Bei dem grössten der erwähnten Lichter, dem Stamm in der Mitte, handelt es sich um Christus, den Sohn Gottes, aus dem die weiteren sechs Äste entsprungen sind (Durch Christus wurde alles erschaffen, was im Himmel und auf Erden ist; vergl. Joh. 1-5 und Kol. 1,15-19). Diese sechs Lichter oder Äste dürften die sechs Erzengel darstellen, deren bekannteste Vertreter Michael (Kampfengel), Gabriel (Botenengel) und Raphael (Heil-Schutzengel) sind. Ursprünglich scheint auch Luzifer/Satan dazugehört zu haben (vergl. Hiob 1,6), der dann aber mit seinem Anhang aus dem Himmel herabfiel (Engelssturz, vergl. Off. 12,7-9).[2] Die einander gegenüber liegenden Äste deuten sinnbildlich auf die Zusammengehörigkeit je zweier Lichter/Engel. Sowohl die Knospen an den Ästen der jüdischen Menora, wie auch die Eier am christlichen Osterbaum symbolisieren die weitere Entfaltung der (vormals rein geistigen) Schöpfung. Wir dürfen uns also selber als Nachkommen von Christi Lebensbaum verstehen. Mit dem Aufstellen eines solchen Osterbaums drücken wir aus, dass mit der Erlösung die Erde (als Wirkungskreis des Bösen/Luzifers; vgl. z. B. Hiob 1,7; Mk. 4,15; Joh. 8,42-47; Joh. 14,30; Joh. 16,11) wieder mit dem Himmel verbunden wurde. (Weitere Ausführungen dazu im Kapitel Ostersamstag.) Wir hoffen, dass Christi Lebensbaum einst wieder ganz und vollkommen sein wird, wenn alles Geschaffene auferstanden ist und zu Gott zurückgefunden hat.
Die heilige Sieben als Ureinheit/Ganzheit begegnet uns ebenfalls in den sieben Wochentagen (Sonntag und die sechs Arbeitstage), in den sieben Regenbogenfarben (Weiss und die sechs Grundfarben) und in den sieben Tönen einer ganzen Oktave (Do als Grundton und die sechs weiteren Töne).

[2] In ähnlicher Weise beschreibt der Stifter der monotheistischen Religion Altpersiens, Zarathustra (630 v. Chr.), die geistige Urschöpfung: Direkt unter »Ahura Masda« (Gott) stand sein Heiligster Geist »Spenta Mainyu« (Christus), durch den Gott seinen Willen kundtut, weiters die sechs »Amescha Spentas« (= unsterbliche Geister, bzw. Erzengel). Diese »Helfer« repräsentieren die verschiedenen Aspekte des einen wahren Gottes und entsprechen den sieben Lichtern oder Engeln um den Thron Gottes in der jüdischen und christlichen Überlieferung. Auch bei Zarathustra gehörte Luzifer/Ahriman ursprünglich dazu, stürzte aber später aus dem Himmel. Die Zarathustrier erwarteten ebenfalls einen Heilsbringer, der die auseinandergefallene Schöpfung wieder heilen werde.

Farben

Die violett-blauen Wintertöne verschwinden und machen hellem, freundlichem Grün und Gelb Platz.

Jahreszeiten-Tisch

Hier finden wir allerlei aus der erwachenden Natur: selbstverständlich die ersten Schneeglöcklein, Primeln, eingesteckte Zweige (deren Knospen bei Zimmertemperatur schnell aufspringen), Weidenkätzchen, blühende Haselzweige u. a. m. Dazu gehören Ostertiere wie Lämmlein, Häslein, Schmetterlinge und Wurzelzwerge (Anleitung im Sommerband), welche die Erde beleben und die Wurzeln nähren. Falls vorhanden stellen wir mit biblischen Figuren Szenen aus dem Leben Jesu, z. B. die Heilung des blinden Bartimäus und lesen die entsprechenden Geschichten aus der Kinderbibel vor. In der Karwoche folgen Szenen aus der Passionsgeschichte. Auch ein Osterkalender passt gut über den Jahreszeiten-Tisch.

Osterkalender

Erfreulicherweise sind – ähnlich wie in der Adventszeit – auch für die Vorosterzeit und Fastenzeit schöne und empfehlenswerte Kalender im Buchhandel erhältlich:

Osterkalender »Mit Jesus nach Jerusalem«
von Regine Schindler, Verlag E. Kaufmann/Lahr, mit 22 Geschichten, in denen jeweils eine biblische Gestalt im Mittelpunkt steht und mit Bildern zum Ausschneiden/Aufkleben auf ein grosses Poster, das Jerusalem darstellt. Geeignet für Kinder im Vorschulalter und in den unteren Schuljahren. Ältere Kinder können die entsprechenden Texte in der Bibel selbst lesen, oder vorgelesen bekommen.

Osterkalender »Ostern in aller Welt«
von Rena Sack u. Astrid Leson, Verlag E. Kaufmann/Lahr, mit 22 Geschichten zu Osterbräuchen in verschiedenen Ländern und Bildern zum Ausschneiden/Aufkleben auf ein grosses Poster mit Weltkarte. Geeignet für Kinder der unteren Schuljahre.

Osterkalender »Wie die Osterbotschaft zu uns kam«
von Werner Laubi u. Jenni Dalenoord, Verlag E. Kaufmann/Lahr, mit 20 Geschichten aus dem Lukas-Evangelium und Bildern zum Ausschneiden/Aufkleben auf ein grosses Poster, das eine kindgemässe Landkarte der biblischen Schauplätze darstellt. Geeignet für Kinder der unteren Schuljahre.

Bastelwerkstatt 1 »Passion, Ostern, Himmelfahrt, Pfingsten«
erschienen im Born-Verlag, D-Kassel, eignet sich für Schulkinder, welche gerne ausmalen und ausschneiden. Es gibt 12 Aufstellbilder mit herausklappbaren Szenen.

Kunstpostkarten-Kalender
mit Bildern zur Passionsgeschichte. Er empfiehlt sich besonders für ältere Kinder, welche die Ostergeschichte bereits kennen. Mögliche Szenen: Salbung in Betanien, Einzug in Jerusalem, Fusswaschung, Abendmahl, Jesus in Getsemane, Gefangennahme Jesu, Verleugnung des Petrus, Jesus vor dem hohen Rat, Jesus vor Pilatus, Kreuzweg Jesu, Kreuzigung Jesu, Begräbnis Jesu, Maria aus Magdala begegnet dem Auferstandenen, Jesus erscheint den Jüngern, Christi Himmelfahrt. Man könnte z. B. ab Aschermittwoch jeden Sonntag bis Ostern eine Karte schenken. Die Karten befestigt man wie eine Art Bildkalender auf einem farbigen Karton (Fotoecken benützen) oder an der Ansteckwand über dem Jahreszeiten-Tisch; Bildlegende oder entsprechenden Bibeltext beifügen.
Bezugsquelle für Kunstpostkarten siehe Abschnitt Bilder, S.36.

Selbst gemachter Torkalender
Er erinnert an die bekannten Weihnachtskalender: Da keine käuflichen vorhanden sind, können sie von Kindern oder Erziehenden selbst hergestellt und mit Frühlingsmotiven oder der Ostergeschichte versehen werden.

Ostergarten-Collage

Ein grosser, grüner Karton wird nach und nach mit Frühlingsblumen und österlichen Tieren (Schmetterlinge, Hasen, Lämmer, ...) geschmückt: Aus Papier, Stoff, Filz, Kunstfell/Webpelz oder Teppichreste die Motive ausschneiden. Jeden Tag wird eine Sache zusätzlich angeklebt, bis am Ostersonntag ein wunderschöner, blühender Garten entstanden ist; evtl. ist diese Collage hübsch mit der nachstehend beschriebenen Ostersonne kombinierbar.

Die Ostersonne

steht für das äussere Licht, das mit jedem Tag im Frühling stärker wird und uns an das zunehmende Christuslicht in der Welt erinnern kann: 25 Tage vor Ostern (Mittwoch und 3 Wochen) kleben oder malen wir einen goldenen Sonnenball aus gelbem Papier/Farbe auf einen grossen, blau bemalten Karton. Jeden darauf folgenden Tag bringen wir einen Sonnenstrahl (insgesamt 24) mehr an, bis an Ostern eine grosse, leuchtende Sonne erstrahlt. Zu jedem Sonnenstrahl gibt es eine kleine Überraschung, z. B. eine Frühlings- oder Jesusgeschichte, eine Süssigkeit, ein Blümlein. Dazu passt das Lied: »O, wir schauen schon hinein«/»Oh du schöni Früeligszyt« (S. 39), welches wir als Wiederholung täglich vor der wachsenden Ostersonne singen können.

Speisen

Fisch

Da früher während der Osterzeit auf Fleisch und Eier verzichtet werden musste, wurde vermehrt Fisch zubereitet. Über das Sinnbild Fisch bezüglich Jesus ist auf S. 21 berichtet. Weil Christus an einem Freitag gestorben ist, wird an diesem Tag bis heute vielerorts Fisch gekocht.

Fasten-Brezel

Vor mehreren hundert Jahren backte man nur zur Fastenzeit Brezeln; man nannte sie deshalb Fastenbrezel. Das Kreuz in ihrer Mitte sollte an Jesu Leiden und Kreuzigung erinnern oder an die in der Gebetshaltung vor der Brust gekreuzten Arme (der lat. Ursprung des Namens Brezel, nämlich bracchium = Unterarm, deutet darauf hin). Brezeln wurden an Arme verteilt und dienten auch als Belohnung für fleissige Klosterschüler. Darauf geht vielleicht der Brauch des Fastenbrezel-Heischens am Aschermittwoch zurück: Kinder besuchten ihre Paten, schlugen sie scherzhaft mit einem immergrünen Zweig (das sollte Glück bringen) und erhielten dafür Brezeln geschenkt.
Wir können selber solche Brezeln aus Weissbrot- oder Blätterteig backen. Oft sind sie mit Kümmel-, Sesam- oder Mohnsamen und – falls süss – mit Hagelzucker bestreut. Laugen- oder Bierbrezeln gibt es heute überall zu kaufen. Zum Auftakt der Fastenzeit am Aschermittwoch oder an den Sonntagen vor Ostern geniessen wir die knusprigen Brezeln zum Frühstück, als Gebäck zu Tee oder zur Fastensuppe.

Fastensuppe

Anstelle von teuren Menüs mit Fleisch kann eine reichhaltige Gemüsesuppe zubereitet werden. Das gesparte Geld wäre eine hilfreiche Spende an hungernde Menschen. Parallel dazu können wir den Kindern mit einem anschaulichen Beispiel die Welternährungs-Situation nahe bringen:

»Nicht alle Menschen dieser Welt haben genügend zu essen; viele sind unterernährt oder müssen sogar hungern. Wir können uns die Erde als ein Dorf mit 50 EinwohnerInnen vorstellen. Darin leben 3 NordamerikanerInnen, 4 Mittel- und SüdamerikanerInnen, 6 AfrikanerInnen, 7 EuropäerInnen, 30 Asiaten und Asiatinnen. Alle sitzen an einem Tisch, aber ihre Nahrung ist nicht gerecht verteilt. 15 essen Fleisch, Fisch, Milch, Eier und haben auch von allem andern reichlich genug. 10 haben mit Reis, Getreide, Bohnen und Mais gerade soviel, dass sie satt werden. 25 haben zu wenig: 15 davon bekommen nur Brot oder Reis, 10 gehen hungrig aus; viele von ihnen sterben.« (Angaben aus: Glauben und Leben. Realschule 7./8. Schuljahr, Schroedel Schulbuchverlag GmbH, Hannover 1993, S. 98). Wie sich das auf den Wert eines Brotes auswirkt, zeigt folgender Bericht:

»Einen aufschlussreichen Test unternahm ein englischer Journalist: Er kaufte ein Dreipfundbrot und stellte sich damit an belebte Strassenecken verschiedener Städte. Die Vorübergehenden forderte er auf, für dieses Brot eine Stunde lang zu arbeiten. Seine Ergebnisse: In Hamburg wurde er ausgelacht, in New York von der Polizei festgenommen. Im afrikanischen Nigeria waren mehrere Personen bereit, für dieses Brot drei Stunden zu arbeiten. Im indischen New Dehli hatten sich rasch mehrere hundert Personen angesammelt, die für dieses Brot alle einen ganzen Tag arbeiten wollten ...« (aus: Kulla/Niederberger: Fastenzeit und Ostern mit Jugendlichen feiern. rex verlag, Luzern 1996)

Gestalten

Kerze

Die Herstellung und der Gebrauch einer eigenen Osterkerze ist schon aus dem Jahr 384 n. Chr. bezeugt, ist also ein sehr alter Brauch. In katholischen, heute auch wieder in reformierten Gebieten, spielt die grosse Osterkerze in der Kirche eine wichtige Rolle. Bei ihrer Entzündung am Osterfeuer im Osternachts-Gottesdienst spricht der Priester die Worte: »Christus ist glorreich auferstanden vom Tod. Sein Licht vertreibe das Dunkel in unseren Herzen.« Die Kerze brennt von Ostern bis Himmelfahrt, später nur an speziellen Anlässen wie Taufen, Begräbnissen, Allerseelen/Allerheiligen. In ähnlicher Weise können wir selber für uns zu Hause eine besonders schöne Osterkerze verzieren, die unseren Jahreszeiten-Tisch bis zum Himmelfahrtstag schmücken wird. Später holen wir sie für besondere Gelegenheiten

hervor, um etwas Schönes zu feiern, aber auch wenn wir traurig sind oder an liebe Verstorbene denken (z. B. am Allerseelentag/Totensonntag im November).

Material:
Dicke, weisse Kerze und farbige Wachsfolien, auf welchen man die gewünschten Formen vorzeichnen und dann ausschneiden kann (evtl. ausstechen, wenn passende, kleine Keksförmchen vorhanden sind). Verzierknetwachs für Kerzen kann man ebenfalls verwenden. Es braucht aber mehr Geduld und Geschick, weil das Wachs vorher in den Händen erwärmt, weich geknetet und anschliessend modelliert werden muss.

Motive:
Regenbogen, der Himmel und Erde verbindet; Kreuz mit Sonne; andere Ostermotive wie Lamm, Schmetterling usw.; Frühlingsgarten mit Häslein u. a. m.

Oster-Lamm
Wir nähen ein bewegliches Schäflein, das uns durch die Osterzeit begleitet.
Material:
Elektrikerdraht (1-mal 12 cm = A; 2-mal 15 cm = B), Flachzange, Paket-Klebeband, Webpelz (= Jackenfutter), Trikotstreifen (= alte T-Shirts in 2 cm breite Streifen schneiden), Nähzeug, Filz, evtl. schwarze Perlen für die Augen.
Vorgehen:
Die Drähte biegen wie auf dem Muster angezeigt; die gebogenen Drähte auf dem Rücken mit braunem Paketband zusammenkleben; dann mit Trikotstreifen den Leib, Kopf und Hals umwickeln; Anfänge und Enden mit Weissleim befestigen.
Das zugeschnittene Fell darüber legen und zusammennähen: Beim Kopf beginnen, dann zwischen den Beinen hindurch bis zum Hinterteil/Rücken; zuletzt die vier Fellstücke über den Beinen zusammennähen (unten besonders gut,

Schablone um 137 % vergrössern

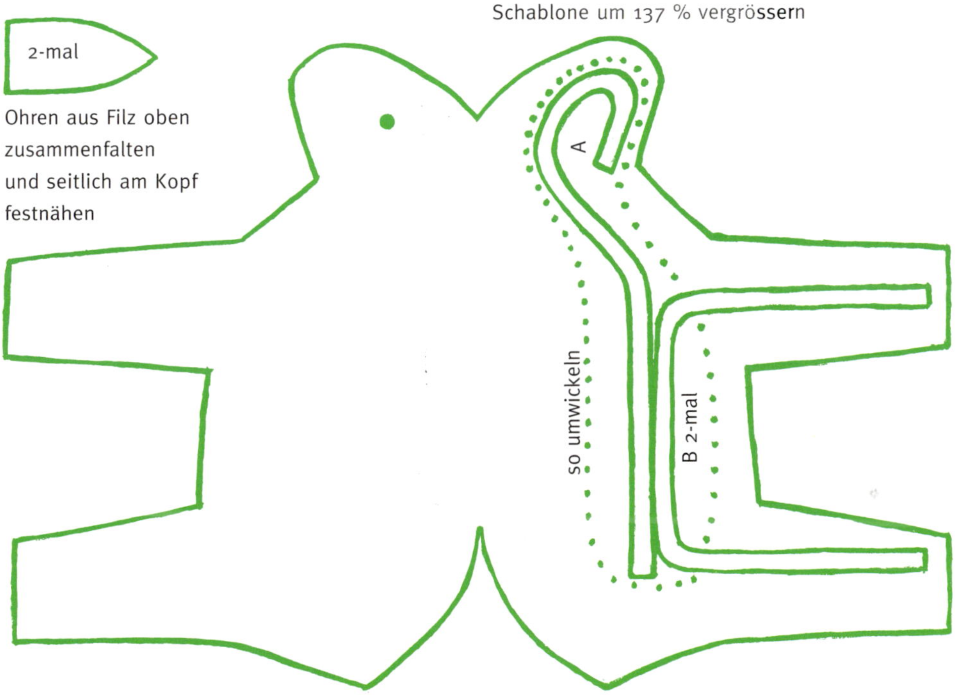

Ohren aus Filz oben zusammenfalten und seitlich am Kopf festnähen damit der Elektrikerdraht nicht hervorschauen kann); zum Schluss das Fell an den Beinen und am Kopf sorgfältig zurückschneiden; nach Belieben einen schmalen Streifen Fell oder Filz als Schwänzlein befestigen und Perlenaugen annähen. Ganz zuletzt die Ohren annähen; evtl. ein Glöcklein um den Hals binden.

Häslein aus Wollpompons

Zwei sehr dicht gewickelte, verschieden grosse Wollpompons nähen wir zu einem Häslein zusammen. Die Wollpompons können wir, falls erwünscht, mit einer Schere noch etwas in Form schneiden (der Kopf wird schmal und länglich, wenn man die Haare seitlich zurückschneidet). Die langen Ohren aus Filz nähen wir rechts und links oben ans Köpfchen; schwarze, runde Knöpfe ergeben die Augen. Nach Belieben fertigen wir zusätzlich einen ganz kleinen Pompon als Schwänzchen, welches wir hinten unten am Rücken befestigen.

Muster um 200% vergrössern

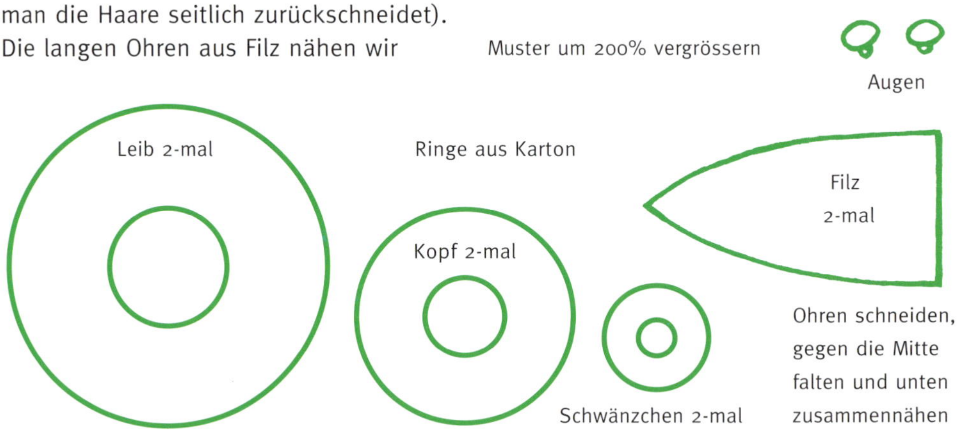

Anleitung Pompon: 2 gleiche, runde Kartons mit einem Loch in der Mitte zuschneiden. Die beiden Kartons aufeinander legen und mit einfachem oder doppeltem Wollgarn umwickeln, bis das Loch ausgefüllt ist. Am äusseren Rand die Fäden aufschneiden, die Kartons ein wenig auseinander schieben, in der Mitte die Fäden fest umwickeln, binden.
Die beiden Kartonteile entfernen und den Pompon zurechtschneiden.

Tipp: Wenn wir die Vorlagen aus dem Buch nicht vergrössern ergeben sie Minihäslein, z. B. für niedliche Tischdekorationen.

Muster um 217 % vergrössern

Hasen oder Lämmlein aus Teppichplatten
Aus selbstklebenden Teppichplatten lassen sich Hasen oder Lämmlein schneiden und in selbst gemalte Frühlingswiesen-Bilder kleben. Dank der textilen Oberfläche fühlen sie sich wie echt an. Vorlage, Lamm S. 67.

Tischdekorationen

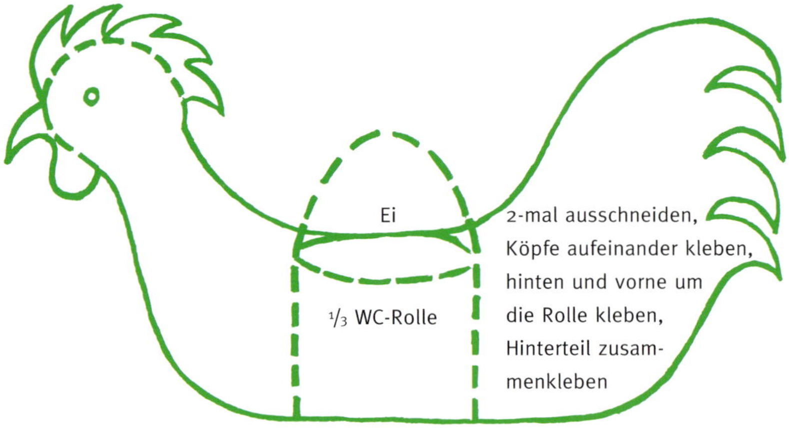

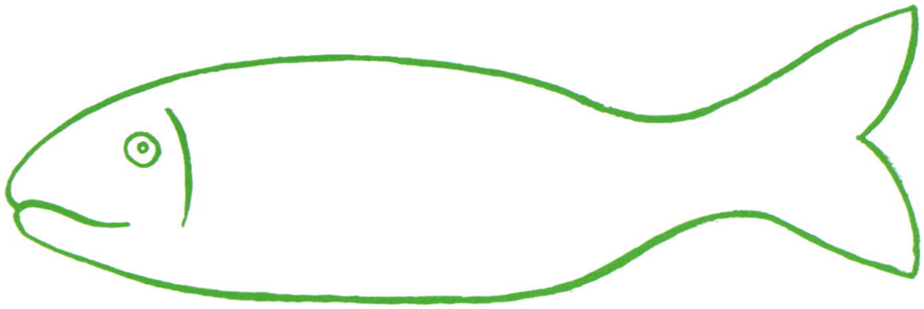

Muster um 200 % vergrössern

Die Tischdekorationen für die Osterfesttage können wir in aller Ruhe während der Fastenzeit vorbereiten. Jede Person am Tisch erhält ein anderes Ostertier: Lamm, Fisch, Hahn, Huhn oder Hase, welche wir schön bemalen. Die Tiere können je ein buntes Osterei tragen.

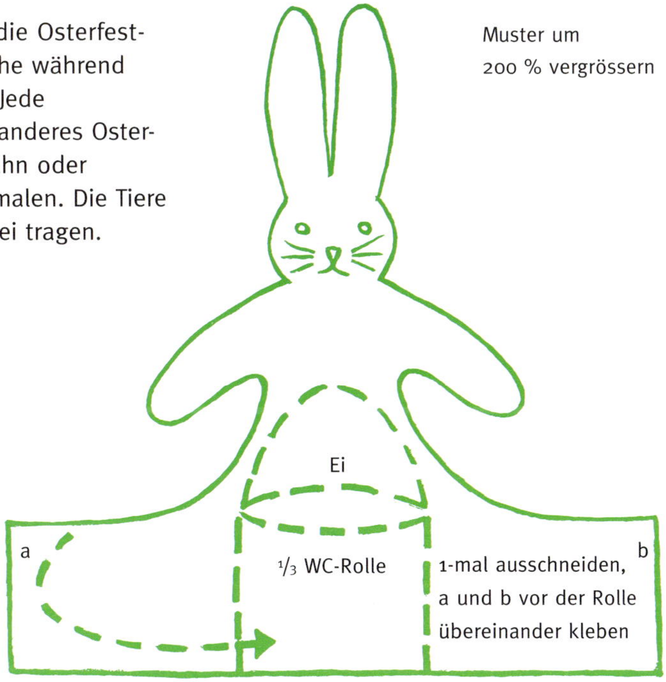

Osterbogen aus Narzissenblütenkelchen

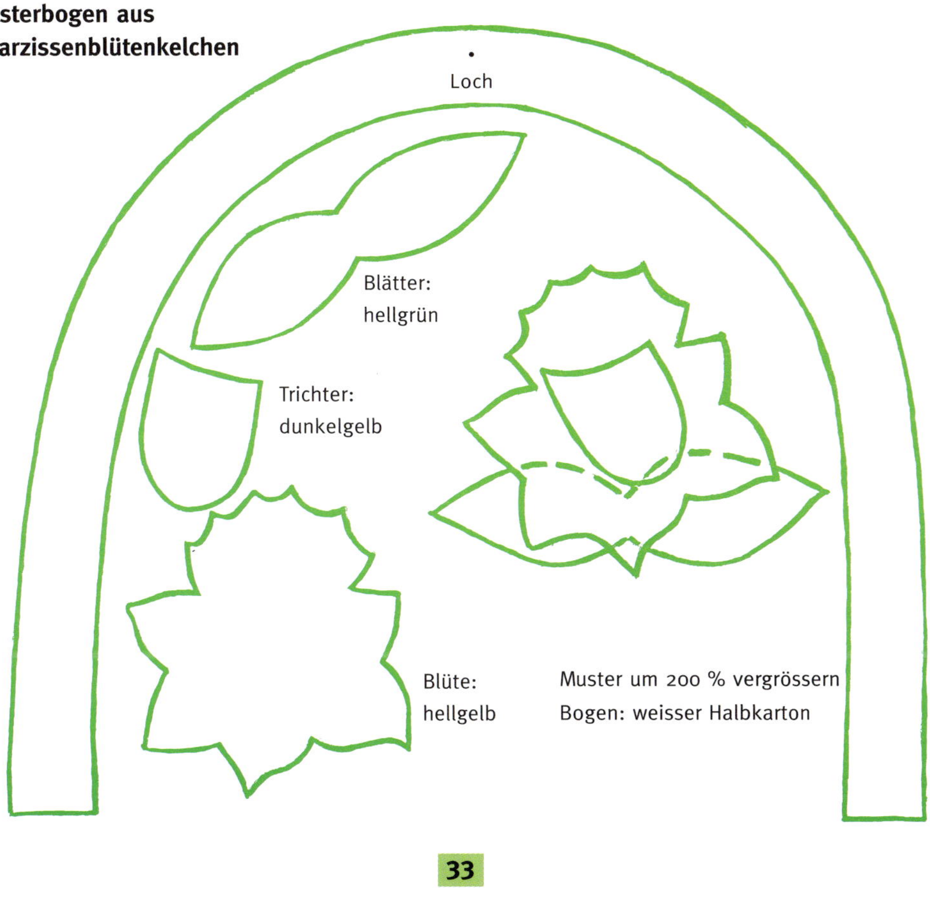

Anleitung Osterbogen:
Material: weisser Halbkarton, grünes, hellgelbes und dunkelgelbes Papier, Leim.
Vorgehen: 8 hellgelbe Blüten, 8 dunkelgelbe Trichter und 8 grüne Blätter ausschneiden; je eine Blüte, einen Trichter und ein Blatt aufeinander kleben, wie auf der Skizze angegeben; die acht fertigen Blüten auf dem Bogen anordnen und festkleben; die Blüten müssen einander etwas überlappen und den weissen Bogen ganz bedecken; Aufhängeloch stechen.

Siebenarmiger Osterbaum
(Bedeutung siehe Sinnbilder S. 23)
Material:
Holzstäbe, Nägel, Weissleim
Masse gross: Christusstab 1 m,
Äste 30/40/50 cm
Masse klein: Christusstab 70 cm,
Äste 20/30/40 cm

Vorgehen:
Holz zuschneiden, Nagelstellen mit Weissleim bestreichen und Äste festnageln. Abstände zwischen den Ästen: ca. 18 cm beim grossen und 12 cm beim kleinen Baum. Das fertige Gerüst mit Buchs, selbst gesammelten Efeuranken oder anderen immergrünen Zweigen umwinden; mit Blumendraht fixieren. Auf Wunsch zusätzlich mit farbigen Bändern verzieren. Die bemalten Eier mit Faden an die Äste hängen. Ausgeblasene Eier verwenden (Anleitung S. 87) oder solche aus Plastik, Styropor, Porzellan und Papier. Den Osterbaum in einen Blumentopf stecken und mit Frühlingsblumen bepflanzen, z. B. Primeln.

Osterbusch
Anstelle des siebenarmigen Osterbaumes können auch knospende Zweige eingestellt werden, die man mit Eiern, Schmetterlingen, Vogelfedern u. ä. m. schmückt.

Fastentuch
Hunger- oder Fastentücher werden schon seit etwa 1'000 Jahren hergestellt und in Kirchen vor den Altar oder das Kreuz im Chorraum gehängt. Meist sind sie kunstvoll mit Szenen aus der Passionsgeschichte bebildert. Ursprünglich lag der Sinn darin, das Zentrum der Kirche, den Altar als Symbol Christi zum Zeichen der Trauer zu verhüllen. Erst am Ostersonntag

wird Altar und Kreuz wieder sichtbar gemacht. Mancherorts steht das Tuch auch für den Tempelvorhang, der nach Jesu Tod in der Mitte entzweiriss. Heute noch gilt dieser Brauch Fastentücher neu zu malen und in Kirchen aufzuhängen. Wir können die Fastenzeit in Schule und Familie ebenfalls durch ein selbst bemaltes Tuch hervorheben.
Dazu verwenden wir feste Baumwolltücher (z. B. alte Bettleintücher), welche mit Stoffmalfarbe gestaltet werden. Stoffmalfarbe können wir leicht selber herstellen, indem wir 1/4 flüssige Gouache- oder Plakatfarbe mit 3/4 wasserfestem Weissleim vermischen und in Marmeladegläsern aufbewahren; vor dem Gebrauch immer gut aufrühren. Am besten malt man auf einem grossen Stück Bauplastik. Falls mehrere Personen beteiligt sind, kann man auf dem Tuch Abschnitte bezeichnen, welche von den Einzelnen mit verschiedenen Szenen aus der Lebens- oder Leidenszeit Jesu bemalt werden.

Schmetterlinge

Schmetterlinge sind ein traditionelles Sinnbild für die Auferstehung und passen gut in die Vor- und Nachosterzeit. Eine Anleitung zum selber Gestalten findet sich auf S. 123/124.

Bastel-Spiele

Scherenschnitt-Osterbriefe

Dieser dänische Brauch eignet sich für Kindergruppen, die miteinander vertraut sind, z. B. eine Klassengemeinschaft innerhalb eines Schulhauses. Man lässt einander heimlich Briefe zukommen, deren Absender verschlüsselt ist.
Der Brief enthält einen selbst gefertigten Scherenschnitt, in welchen man eine Frühlingsblume steckt. Am Rand steht ein Rätselspruch geschrieben, der immer gleich beginnt.
Beispiele: »Mein Name steht mit Hasen, pass auf, dass sie nicht blasen!« oder »Mein Name ist aus Schlangen, kannst du sie etwa fangen?« oder »Mein Name steht mit Kissen, wem sie gehören, möchtest du gern wissen!« Darunter werden so viele Hasen, Schlangen oder Kissen gezeichnet als der Name Buchstaben hat. Der Name wird selbstverständlich nicht dazugeschrieben. Wer bis zu den Osterferien den Absender errät, erhält von ihm/ihr ein Ei. Wenn der Absender nicht erraten wird, darf dieser sich beim Empfänger melden und ein Ei fordern. Je nach Gruppengrösse und Alter der Kinder muss man Regeln bestimmen; z. B. ob man ein, zwei oder drei Kinder fragen darf, ob der erhaltende Brief von ihnen stamme und ob es ein Schokoladeei oder ein selbst bemaltes Hühnerei ist, das man dem anderen geben muss. Das Spiel kann auch mit selbst verzierten Ostereiern gespielt werden, die mit einem entsprechenden Rätsel versehen sind. In diesem Fall darf das Spiel nur wenige Tage dauern, die gekochten Eier sind ja nur beschränkt haltbar.

Lämmlein oder Häslein verstecken und entdecken

In der Wohnung oder im Schulzimmer bereiten wir aus Freude über die heranrückende Osterzeit eine Überraschung an den verschiedensten unerwarteten Orten vor: Wir verstecken kleine, selbst gezeichnete und ausgeschnittene Lämmlein oder Häslein aus Papier. Und wo findet man sie? Im Brotkorb, unter dem Kissen, im Geldbeutel, am Zahnglas, auf der Innenseite der Schultasche, im Aufgabenheft, ... und jedes Mal erinnern sie uns an das bevorstehende Osterfest und steigern die Vorfreude. Weitere Spiele siehe Kapitel Frühlingsanfang und Ostern.

Bilder

Zu Jesu Leben und der Passionsgeschichte gibt es unzählige Bilder. Wir finden sie in Kunstbüchern, als Kunstdrucke oder Kunstkarten und auf Kalendern. Der Raffael-Verlag führt eine sehr grosse Auswahl an Kunstkarten und Kunstdrucken; man kann sie entweder direkt dort bestellen (Katalog anfordern) oder eine Verkaufsstelle in der Nähe erfragen. (Raffael-Verlag, Talgut-Zentrum 19, CH-3063 Ittigen, Tel. +41 (031) 921 77 00, Fax +41 (031) 922 01 92).

Beim Schweizerischen Verlag für kirchliche Kunst ist ebenfalls ein Katalog mit Kunstbildern und Fotografien (z. B. aus dem Heiligen Land) erhältlich; (Schweizerischer Verlag für kirchliche Kunst, Rollmattstrasse 2, CH-3123 Belp BE, Tel. +41 (031) 818 30 30, Fax +41 (031) 818 30 39).

Film

Für ältere Kinder: Video mit einem Jesus-Film, z. B. von Franco Zeffirelli »Jesus von Nazareth«.

Vorlesen/Erzählen

So wie die Weihnachtsgeschichte in der Adventszeit erzählt wird, gehört die Ostergeschichte in die Fastenzeit. Schöne Lektüre bieten die schon erwähnten Osterkalender »Mit Jesus nach Jerusalem« und »Wie die Osterbotschaft zu uns kam«.

Die Ostergeschichte aus Kinder- oder Bilderbibeln:
– Selina Hastings: Illustrierte Bibel für Kinder. Pattloch Verlag, Augsburg 1994. Mit vielen Bildern, Fotos und erläuternden, geschichtlichen Illustrationen.

– Regine Schindler: Mit Gott unterwegs. Verlag Bohem press, Zürich 1996. Hinweis: Wer am Aschermittwoch mit der Geschichte »Ein Junge wird gesucht« beginnt und etwa alle 2 Tage ein Kapitel vorliest, wird an Ostern bei »Jesus lebt« angelangt sein.

– Die Bibel. Mit Bildern von Lisbeth Zwerger. Ausgewählte Texte aus der Guten Nachricht mit Einführungen von Hannelore Jahr. Katholisches Bibelwerk, Stuttgart 2000

– Bilder-Bibelbuch (mit Bilder von Kees de Kort), Band 5, Deutsche Bibelgesellschaft, Stuttgart 1987: Bartimäus, Jesus in Jerusalem, Jesus ist auferstanden, Himmelfahrt und Pfingsten, Ein Afrikaner wird getauft. Die Buchteile »Jesus in Jerusalem« und »Jesus ist auferstanden« sind preisgünstig im Kleinformat erhältlich.

Vorlesebuch
Zum selber Lesen oder Vorlesen für Kinder von 7-12 Jahren eignet sich:

– Anette Böckler: Aufruhr in Jerusalem. Jesusgeschichten von Aschermittwoch bis Pfingsten. Edition Anker, Stuttgart 2000. Die Autorin erzählt spannend, anschaulich und mit wertvollen religionsgeschichtlichen Informationen (z. B: zum jüdischen Passahfest) die Passionsgeschichte aus der Sicht der Zeitgenossen Jesu.

Bilderbücher zur Ostergeschichte
– Brian Wildsmith: Die Ostergeschichte. Bohem press, Zürich 1995. Eindrückliche, farbenprächtige Bilder mit viel Gold begleiten uns durch die Passionszeit. Das Buch ist auch für kleinere Kinder geeignet, da das Schwere und Traurige immer überstrahlt wird vom Osterglanz.

– Quadflieg Lindström: Die Ostergeschichte. Patmos, Düsseldorf 1995. Das kleinformatige Büchlein thematisiert nicht nur die Ostergeschichte, sondern auch deren Überlieferung durch Apostel/Evangelien und endet mit einer kirchlichen Osterfeier und der Eier-/Hasensuche zu Hause.

– Aichert, Steinbacher: Meine allererste Ostergeschichte. Pattloch, München 1999. Hier sind kleinformatig die wichtigsten Geschichten von Jesu Lehrtätigkeit und Leidenszeit bis zur Himmelfahrt erzählt.

– Regine Schindler: Der Ostermorgen. Patmos-Verlag, Düsseldorf 1997.
Eine Ostergeschichte für die Kleinen: Der Osterhase, der biblische Ostermorgenbericht, das neue Leben (auch in der Frühlingsnatur) werden zu einer stimmigen Erzählung verflochten.

– Galli-Galliker/Koster Stadler/Koster Schöb: Das Leben der Maria Magdalena. rex verlag, Luzern 1997. Maria Magdalena, eine Jesusfreundin, erfährt als Erste die Auferstehungsbotschaft.

– Krenzer/Mirtschin: Die Babuschka, Sascha und das Huhn Natascha. Ernst Kaufmann Verlag, Lahr 1996. Die Ostergeschichte aus Russland handelt von einer Grossmutter mit ihrem Enkelkind, erklärt die orthodoxe Osterfeier und das Teilen mit noch Ärmeren.

Sachbilderbücher zur Lebensweise in der Zeit Jesu
– Bühlmann/Schwegler/Egger: Nazaret vor 2000 Jahren. rex verlag, Luzern 1996

– Bühlmann/Schwegler/Egger: Kafarnaum vor 2000 Jahren. rex verlag, Luzern 1998

– Bühlmann/Schwegler/Egger: Jerusalem vor 2000 Jahren. rex verlag, Luzern 1995

– Bühlmann/Schwegler/Egger: Bethlehem vor 2000 Jahren, rex verlag, Luzern 1993

Alle Bücher mit informativen, leicht verständlichen Texten und lebensnahen Bildern; zu jedem Band ist eine Dia-Serie erhältlich bei: TAU-AV Produktion, Kollegium, Mürggasse 20, CH-6370 Stans.

Bücher für Erwachsene
– Walter Bühlmann: Wie Jesus lebte. rex verlag, Luzern 1994. (Totalüberarbeitung auf 2001)

– Kulla/Niederberger: Fastenzeit und Ostern mit Jugendlichen feiern. 16 Modelle, rex verlag, Luzern 1996.

Bilderbücher
– Eleonore Schmid: Das schwarze Schaf. Nord-Süd Verlag, Gossau 1995. Ein Schaf geht verloren und findet zurück zum guten Hirten.

– Elsa Beskov: Pelles neue Kleider. Carlsen Verlag, Hamburg 1980. Ein Junge erhält von seinem Lamm Wolle und erlebt den ganzen Werdegang bis zum fertigen Kleid, wobei er jeweils auch seinen Teil Arbeit leistet.

– Böttcher, Rugland: Felix Nadelfein. Urachhaus Verlag, 1981. Felix kommt auf seiner langen Schneider-Gesellen-Reise um die halbe Welt und bringt zuletzt seiner »schwarzen« Heimatstadt die farbigen Kleider, welche an Ostern (!) fertiggestellt werden. Dieses Buch ist eines der schönsten und reichhaltigsten Bilderbücher für die unteren Schuljahre.

Grimms Märchen

– Märchen der Gebrüder Grimm, z. B. Goldmann Taschenbuch, München 1993:

– »König Drosselbart« – durch Leiderfahrung zu echter Demut.

– »Das Eselein« – unser Körper ist der Esel, der uns behindert und den wir meistern lernen müssen, damit die Seele Musik machen kann. Franziskus nannte den Körper Bruder Esel.

Lieder

Kyrie

Kanon für 3 Stimmen

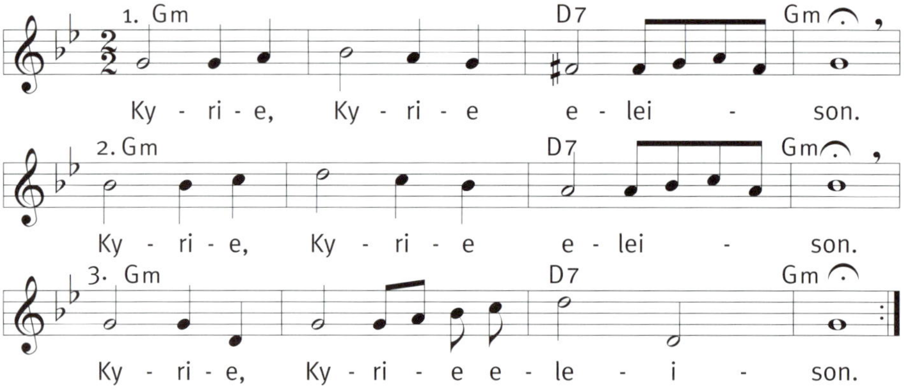

Übersetzung (nicht singbar): Herr, erbarm dich.
Text: liturgischer Ruf
Melodie: Herkunft unbekannt

O, wir schauen schon hinein/Oh du schöni Früeligszyt

2. Hören schon den Vogelsang
und den festlichen Gesang,
Laetare, laetare!

3. Christus ist der Sonnenschein.
Liebe Sonne, komm und schein!
Laetare, laetare!

4. Nun ist wieder alles still,
weil die Erde warten will.
Laetare, laetare!
(laetare = freue dich!)

Schweizer Mundart

2. Oh, du schöne Vogelgsang,
gäll, mir lose mitenang.
Mir wei-n-is alli fröie!

3. Chrischtus isch der Sunneschyn,
chumm, du liebi Sunne, schyn.
Mir wei-n-is alli fröie!

4. Alli sy itz still bereit,
will für üs gly z' Tor ufgeit.
Mir wei-n-is alli fröie!

Text und Melodie: mündlich überliefert

Weitere Frühlings- und Osterlieder, z. B. zu den Ostersinnbildern Lamm, Hase, Schmetterling, Vogel und Sonne finden sich in den nachfolgenden Kapiteln.

FRÜHLINGSANFANG

Frühlingsstimmung (David Newbatt)

Einführung

Tag und Nacht sind jetzt genau gleich lang, das Licht lässt sich nicht mehr aufhalten, es tritt seinen Siegeszug über die Dunkelheit an.
Machen wir diesen Tag zu einem Festtag, feiern wir den Frühling! Vielleicht organisieren wir eine Kindereinladung mit einem Ausflug in die Natur, mit fröhlichen Frühlings-Liedern, Spielen und Bastelarbeiten und gestalten kreativ ein Oster-/ Frühlings-Kasperletheater?

Leitmotiv

Sieg des Lichts/der Wärme (über das Dunkle/die Kälte)

Sinnbilder

Ostersinnbilder
siehe Kapitel Fastenzeit

Historisches

Früher wurde der Frühlingsanfang sehnsüchtig erwartet und viel freudiger begrüsst und gefeiert als heute. Dies ist leicht zu verstehen, weil die Menschen damals in grösserem Masse von natürlichem Licht (keine Elektrizität) und Wärme (keine Zentralheizungen, schlecht isolierte Häuser usw.) abhängig waren als wir heute.
Eine alte Tradition bildet deshalb das in verschiedenen Versionen überlieferte Winteraustreiben: Vielerorts gibt es Umzüge, angeführt von einem in alte Lumpen und Stroh gehüllten Winter und einem mit blühenden Zweigen und farbigen Bändern geschmückten Frühling. Die Kinder tragen Glocken, um den Frühling einzuläuten, oder Weidenruten, um den Winter zu necken/schlagen.
Zum Schluss wird der Winter, welcher manchmal noch mit Asche um sich wirft, unter lautem Zurufen davongejagt oder als Strohpuppe verbrannt. Das Winteraustreiben findet oft an »Lätare« (= »sich freuen auf«, z. B. Ostern), am dritten Sonntag vor Ostern statt.

Spiel

Winteraustreiben
Unter den Kindern wird per Los ein Winter und ein Frühling bestimmt. Die beiden verkleiden und verhüllen wir passend: Den Winter z. B. mit violett-blauen Tüchern, verziert mit Papier- oder Watte-Eiszapfen, den Frühling mit gelben und grünen Tüchern, Zweigen, bunten Bändern, evtl. Papierblumen (Anleitung im Herbstband dieser Reihe im Kapitel Elisabeth von Thüringen). Dann beginnt der lange Umzug, angeführt von Frühling und Winter, durch Haus und Garten. Die Kinder begleiten ihn mit fröhlichem Glockengeläut. An einem vereinbarten Platz stellen sich alle Kinder im Kreis auf: Der Frühling muss jetzt dem Winter die Kleider/Tücher ausziehen, wogegen sich dieser standhaft zu wehren versucht. Jedes entwendete Tuch wirft der Frühling den Kindern im Kreis zu, welche es mit dem fröhlichen Ruf »Juhee, juhee, Winter ade!« in Empfang nehmen. Der Winter darf dieses Tuch nicht mehr zurückrauben. Wenn er ganz »ausgezogen« ist, nimmt er die vorbereitete

Frühlingskrone (z. B. gelbes Tuch/Band) und setzt sie dem Frühling auf den Kopf. Der Frühling kann auch noch einen goldenen Stab oder ein Zepter als Zeichen seiner Herrschaft tragen. Der Winter gesellt sich zu den anderen Kindern im Kreis und gemeinsam besingen sie den Frühling mit Frühlingsliedern und Gedichten.

Speisen

Sonnenrad (Bildbrot)
Zum Frühlingsanfang backen wir zur Feier des Siegs des Lichtes über die Dunkelheit Sonnenbrote in allen Variationen. Wir verzieren die Brotlaibe mit Hilfe eines Messers und einer Stricknadel (Lochmuster) mit Sonnensymbolen: Spirale, Kreise, Strahlen oder wir formen die Symbole aus Teigschlangen.
Frühlings- und Ostertiere (Bildbrote): Aus dem vorbereiteten Brot- oder Zopfteig formen die Kinder allerlei Tiere (Hasen, Lämmer, Schmetterlinge, Fische, Hühner usw.), die dann ganz frisch und warm aus dem Backofen verspeist werden können.

Leckereien aus Marzipan
Klosterschüler erhielten früher ein Osterbrot aus Marzipan geschenkt. Aus buntem Marzipan (selbst hergestelltes Marzipan lässt sich mit Lebensmittelfarbe variieren) können Kinder Brote, Ostereier, Frühlingsblumen und Tiere formen, die sich zum Naschen oder als Geschenk eignen.

Gestalten

Tischdecke und Sets gestalten
Aus grünen Papiertischtüchern oder Sets werden farbenprächtige Frühlingswiesen, wenn Kinder sie mit Fingerfarben bemalen dürfen. Wir können sie als grosse Festbilder aufhängen oder – getrocknet – als Tischdecken fürs Fest benutzen (am Vortag bemalen).

Frühlingsgärtchen
Bei Ausflügen in Wald und Garten graben wir sorgfältig blühende Pflanzen mit den Wurzeln aus der Erde und setzen sie in einen kleinen Tontopf. Aus Papier schneiden wir selbst gezeichnete Frühlings- und Ostertiere. Diese werden mit Haftband, Klebestreifen auf kleine Holzspiesschen geklebt und ringsherum in die Töpfe gesteckt. Wenn wir das Papier beim Ausschneiden doppelt nehmen, kann das Motiv mit Weissleim in die Mitte zwischen die identischen Papierformen geklebt werden und sieht so von beiden Seiten schön aus.

Weitere Bastel– und Werkarbeiten
siehe Kapitel Vorosterzeit/Fastenzeit

Gefunden

Ich ging im Walde so für mich hin,
und nichts zu suchen, das war mein Sinn.
Im Schatten sah ich ein Blümlein stehn,
wie Sterne leuchtend, wie Äuglein schön.
Ich wollt es brechen, da sagt es fein:
Soll ich zum Welken gebrochen sein?
Ich grub's mit allen den Würzelein aus,
zum Garten trug ich's am schönen Haus.
Und pflanzt es wieder am stillen Ort;
Nun zweigt es immer und blüht so fort.

Johann Wolfgang von Goethe

Kasperletheater

Es ist beeindruckend, mit welcher Intensität und Spannung Kinder dem Kasperle, mit dem sie sich stark identifizieren, zuschauen. Der Vorbereitungsaufwand für eine Theateraufführung lohnt sich immer. Eine Anleitung zum selber Bauen und Spielen von Kasperlefiguren findet sich am Schluss dieses Buches. Wenn sich solche Theateraufführungen zu bestimmten Jahres- oder Fest-Zeiten wiederholen, kann daraus eine liebe Tradition für die Kinder entstehen. Sie dürfen sich auf das Oster-Kasperlespiel freuen – alle Jahre wieder. Nachfolgend ein Vorschlag:

Das goldene Ei

Der Kasperle muss beim König Osterhas das goldene Ei holen, damit es draussen wieder wärmer wird und der König nicht mehr friert. Der König ist jedes Mal überzeugt, dass kein junger Mensch es mehr wagen würde, sich auf diese gefährliche Reise zu begeben. Aber natürlich meldet sich der Kasperle, der beim König im Dienst ist (als Koch, Gärtner, Diener, Kindermädchen, Putzmann ...). Die gefährlichen Prüfungen, die der Kasperle auf der Reise bestehen muss, werden jedes Jahr etwas abgewandelt (wie im Leben ja auch). Einmal muss er durch das Wasser gehen, ein anderes Mal eine Feuerprobe bestehen, dem Fährmann Tod begegnen oder gar mit einem Drachen kämpfen ... So sind die Kinder immer wieder gespannt, welches Abenteuer wohl jetzt auf Kasperle wartet, bis er sein Ziel erreicht. Wenn Kasperle das goldene Ei sicher nach Hause gebracht hat, darf er es im königlichen Garten vergraben. Das Ei wärmt die Erde, die Blumen können wieder spriessen, die Tiere erwachen aus dem Winterschlaf und die Vögel singen von neuem ihre Lieder. (Urvorlage zu dieser Geschichte ist das Osterspiel aus: A. Weissenberg-Seebohm: Mit Kasperle durch das Jahr. Verlag Freies Geistesleben, Stuttgart 1983) Ein goldenes Ei kann man selber herstellen, indem man ein Ei aus getrockneter Holzmodelliermasse oder Plastik mit Goldfarbe besprayt/bemalt.

Andere Frühlings-Kasperle-Geschichten kann man mit etwas Fantasie selber erfinden; z. B. von gestohlenen Ostereiern, verhexten Osterhasen, oder vom bösen Zauberer Frieribus, der den Frühling in seiner Burg einsperrt, damit es in der Natur und den Menschenherzen kalt bleibt. Immer ist der Kasperle hilfsbereit und rettet die Situation (oft mit Unterstützung von Tieren, Zwergen oder guten Feen) und das Gute siegt über die feindlichen Kräfte.

Natur

Bei schönem Wetter kann man draussen in der Natur wieder Bienen beim Blütenpollen-Sammeln beobachten. Vielleicht begegnet uns sogar ein Zitronenfalter als Frühlingsbote? Im Wald und auf den Wiesen finden wir Veilchen, Buschwindröschen, Primeln, Scharbockskraut, Huflattich (ergibt guten Hustentee), Massliebchen, Weidenkätzchen und das erste Blattgrün von verschiedenen Pflanzen. Am frühen Morgen singen die Amselmännchen, im Wald werden die ersten kleinen Feldhasen geboren.
Literaturtipps:
– Verena Singeisen-Schneider: 1001 Entdeckungen durchs ganze Jahr. Orell Füssli Verlag, Zürich und Wiesbaden 1989; geeignet von Vorschulalter bis zur vierten Klasse.
– Susanne Stöcklin-Meier: Naturspielzeug. Ravensburger-Verlag, 2000; Spiele und Bastelideen in der Natur für Kinder zwischen 3 und 10 Jahren.

Mond beobachten

Am ersten Sonntag nach dem ersten Vollmond nach Frühlingsbeginn (21. März) ist Ostern. Wir können mit den Kindern den Nachthimmel beobachten und miterleben, wie der Mond von Tag zu Tag zunimmt, sich rundet und am darauf folgenden Sonntag das Osterfest naht. Dazu passt das Gedicht für Kinder im Vorschulalter (Der Ostermond) und für Schulkinder (Eine Ostergeschichte von Sonne und Mond).

Gedichte

Wer sind die vier Brüder?

Ich kenne vier lustige Brüder,
sie tragen Geschenke schwer.
Sie kommen Jahr für Jahr
von neuem zu uns her.

Der erste lässt die Bäche springen
und schliesst die harte Erde auf,
weckt Klee und Gras und Löwenzahn
auf seinem schnellen Lauf.
Er lässt den grünen Mantel wehn,
spielt mit jungen Hasen,
er zieht die braunen Ohren lang
und kitzelt ihre Nasen.

Der zweite sperrt die Wolken ein
und lässt die Sonne scheinen.
Er sagt: Du sollst den Rosen und dem Mohn
die schönsten Blätter malen.
Er lässt den blauen Mantel wehn
und spielt mit Fels und Riffen.
Die Kinder bau'n im warmen Sand
den Hafen mit den Schiffen.

Der dritte lockt den Sturm herbei;
Der saust wild an den Drähten
und ruft den Schwalben zu:
»Ihr dürft euch nicht verspäten!«
Er lässt den bunten Mantel wehn,
spielt mit dem Drachenschwanze
und lädt die Blätter alle ein:
»Nun wirbelt mit beim Tanze!«

Der vierte kommt vom Norden her –
Der Igel, Maulwurf, Haselmaus,
die hören seinen schweren Schritt
und schlüpfen in ihr Winterhaus.
Er lässt den weissen Mantel wehn
und wirbelt mit den Flocken.
Er ruft: »Ihr Kinder, kommt heraus!
Wollt ihr zu Hause hocken?«

Kennst du die lustigen Brüder
mit ihren Geschenken schwer?
Sie kommen Jahr für Jahr
von neuem zu uns her.
(= Die vier Jahreszeiten)

BARBARA CRATZIUS

Aus: Uns gefällt die Frühlingszeit. Verlag Herder, Freiburg ⁶1999

O goldne Frühlingssonne/Ostersonne

O goldne Ostersonne[1], komm,
im Nebel noch verborgen.
Nach langer, kalter Winternacht
Bring uns den hellen Morgen!

Die Tiere all in Wald und Au
Weck auf, dass sie dir springen!
Erweck die kleinen Vögelein,
dass sie dir fröhlich singen!

MARGRIT LOBECK

Aus: Bühler/Lobeck (Hrsg.). Scheine Sonne scheine. © Paul Haupt Berne

[1] Anstelle von »Ostersonne« kann beim Winteraustreiben »Frühlingssonne« gesprochen werden.

Schweizer Mundart

Oh, guldigi Sunne erwach!

Oh, guldigi Sunne erwach!
im Näbel darfsch di nümm verstecke –
nach dr länge Winternacht,
muesch dr Früelig wecke!

D' Tierli i Wald und Fäld
sölle wider umspringe
und d' Vögeli ir schöne Wält
wider fröhlech dörfe singe!

Version in Schweizer Mundart, F. Schneider

Er ist's

Frühling lässt sein blaues Band
Wieder flattern durch die Lüfte;
Süsse, wohlbekannte Düfte
Streifen ahnungsvoll das Land.
Veilchen träumen schon,
Wollen balde kommen.
Horch, von fern ein leiser Harfenton!
Frühling, ja du bist's!
Dich hab ich vernommen.

EDUARD MÖRIKE

Der Ostermond

Primeln blühen schon im Garten,
Anna kann es kaum erwarten:

»Kommt denn der Osterhase bald?
Lebt er — wie Nikolaus — im Wald?
Wird er mir ein Nest verstecken?
Kannst du mich frühmorgens wecken?«

»Wollen schauen, liebe Kleine,
ob der Mond heut Abend scheine.
Ja, er ist schon halb zu sehen,
es wird nicht mehr lange gehen.
Sieh, jeden Tag wächst er ein Stück
und näher rückt das Osterglück.
Nach seinem runden Vollmondschein
wird es am Sonntag Ostern sein.«

»Ostermond, nun wachse schneller,
ich hol' schon den Korb im Keller!
Wie ich mich freu' aufs Osternest,
aufs wunderschöne Osterfest!«

Schweizer Mundart

Primeli sy scho im Garte,
d' Anna cha-n-es chum erwarte:

»Chunnt dr Oschterhas ou bald?
Wohnt är wie dr Chlous im Wald?
Tuet är mir es Näscht verschtecke?
Chasch du mi am Morge wecke?«

»Mir wei luege, liebi Chlyni,
ob dr Mond hüt Aabe schiini.
Mir gseh ne halb am Himmel schtah,
drum wird es nümme allzlang ga.
Lue, jede Tag wachst är es Schtück,
u bringt üs necher ds Oschterglück.
Es wird de nach em Vollmondschyn
em nächschte Sunntig Oschtere sy.«

»Oschtermond, wachs nume schnäller,
ig hol' scho dr Chorb im Chäller!
Wie fröi ig mi uf ds Oschternäscht,
uf ds wunderschöne Oschterfescht!«

Vorlesen/Erzählen

Bilderbuch

– Sibylle von Olfers: Etwas von den Wurzelkindern. Verlag ars edition, Zug 1990. In dem liebevoll gestalteten Jugendstilbilderbuch erleben wir das Frühlingserwachen der Wurzelkinder und begleiten sie durch das Jahr bis zum Winterschlaf.

– Jürgen Grasmück/Maria Anna Schmitt: Elfenwelten Mandalas. Grasmück Verlag D-Hanau. Zauberhafte Mandalas zum Ausmalen.

Beispiel: Gemäss alter Überlieferung ist die Göttin Ostara (der Engel, welcher den Frühling verkündet), von Häslein und Elfen begleitet. (Abdruck mit freundlicher Genehmigung des Verlages.)

Eine Ostergeschichte von Sonne und Mond

So unbeständig der Mond sich in allem sonst gezeigt hatte, in einem strebte er mit rechtem Starrsinn doch immer das Gleiche an. Das zarte, goldene Band, das Gott mit dem Hinstreichen seiner Hand über das Himmelsgewölbe gelegt hatte, erschien ihm gar zu schön, und er wollte wie die Sonne nur auf diesem Bande seine Bahnen wandern.
»Schon recht«, sprach der Herr, »es scheint auch mir gut, dass du bei Nacht auf den gleichen Wegen wanderst wie die Sonne bei Tage. Doch weisst du wohl, dass die Goldenstrahlende im Jahreslauf auf- und abwärtssteigend der Erde den Frühling, den Sommer, den Herbst und den Winter bringt. Wie willst du es damit halten?«
»Auch ich will die ganze Breite des Bandes durchmessen«, sprach der Mond, »und damit alle Welt sehen kann, was ich für ein Himmelslicht bin, werde ich mich sputen und in einem Monat vollenden, wozu die Sonne ein ganzes Jahr braucht.« Der Herr lächelte und schwieg.
Und der Mond begann seine Wanderung. Die Menschen auf Erden, die den Tagesbogen der Sonne von Weihnachten bis Johanni in schönem Gleichmass wachsend steigen und von Johanni bis Weihnachten zu in eben derselben Weise schrumpfen und sinken sahen, konnten sie sich nicht genug wundern, wenn sie die Mondenwege verfolgten. Zwar von dem zartschimmernden Himmelsbande wich er nie ab, doch war es von Abend zu Abend kaum möglich zu wissen, an welcher Stelle des östlichen Horizontes er auftauchen, welchen Bogen er beschreiben und wo er schliesslich untergehen würde. Nicht nur, dass er hinter den stets in ihrer Bahn ziehenden Sternen bald zwanzig Minuten, bald mehr als eine Stunde verspätet herzottelte und so aus dem Gang der grossen Himmelsuhr eigenwillig heraussprang! Nicht nur eigene Zeiten wollte er haben, sondern anders als alle übrigen Himmelslichter auch seinen Wanderplan einrichten. Es war aber gerade Frühsommerzeit, als das Ganze sich zutrug. Die Sonne stieg und strebte ihrem höchsten Stande zu. Leuchtend stand sie zur Mittagsstunde am Himmel. Menschen, Tiere und Pflanzen freuten sich ihres Lichtes und ihrer Glut, ja sogar die leblosen Steine nahmen so viel in sich hinein, wie sie nur fassen konnten, und waren im Abenddunkel davon noch manche Stunde wohlig warm. Schliesslich kam die Johannizeit heran, und die Sonne prangte in solchem Glanze, dass er selbst in den Nächten nicht ganz zu verlöschen schien.
Der Mond unterdessen durchlief, wie er es schon angekündigt hatte, eilig die Breite des goldenen Bandes. Doch wie ärgerte er sich, als er am höchsten, am obersten Rande gerade zu der Zeit angekommen war, da er als hauchdünne Sichel hinschwinden und als hauchdünne Sichel wieder neu entstehen musste! In dem Masse, wie er zunahm, schrumpften seine nächtlichen Bögen immer mehr zusammen, und als er seine volle, runde Gestalt endlich gewonnen hatte, war er zugleich am untersten Rande des Himmelsbandes angelangt. Das verdross ihn gar sehr, und er nahm sich vor, es zu ändern, so gut ihm das eben gelingen wollte.
Und wirklich: In seiner nächsten Vollmondgestalt zog er schon wieder eine grössere Bahn als zur Johannizeit, vier Wochen danach als Vollmond eine noch höhere, und so ging es von Monat zu Monat fort. Als endlich die Weihnachtszeit heranrückte, stand der volle Mond die ganze Weihnacht am Himmel, so hoch, wie zur Johannizeit die Sonne gestanden hatte, und sein Licht füllte und beherrschte die verschneite Welt. Bewundernd schauten die Menschen zu ihm auf.

»So gefällt es mir!«, sprach der Mond. »Die Sonne wandert jetzt bei Tag ihren kleinsten, niedrigsten Weg, und ich in meiner vollen Gestalt den weitesten, höchsten.« Vor Stolz leuchtete er doppelt so hell.

Wen aber so allezeit nach Neuem gelüstet wie den silbernen Herrscher des Nachthimmels, der wird Erworbenes schwerlich halten und bewahren können. Der Dezember ging hin, der Januar kam. Noch konnte sich der Rundglänzende in ziemlicher Höhe halten. »Wie kalt sein Licht ist«, sagten die Leute und zogen sich fröstelnd in ihre Stuben zurück. »Will er denn von seinem hohen Stande gar nicht wieder herabsteigen?«

Als aber der Februar ins Land zog, geschah es, dass der Mond seinen weitesten Weg bereits hinter sich hatte, bevor er noch zu seiner ganzen Grösse hatte anwachsen können. Im März ging es ihm noch schlechter. Was aber für ihn das Schlimmste war: Während er als Vollmond mit immer kleineren Bögen sich bescheiden musste, weitete die Sonne ihre Bahnen von Tag zu Tag aus, stieg von Mittag zu Mittag stetig höher.

»Wenn das so weitergeht, wird sie mich bald überholt haben«, murrte der Mond. Und wirklich, kurz nach Frühlingsanfang kam eine Vollmondnacht, in der der silberne Gesell auf kleinerer Bahn dahin ziehen musste, als die Sonne es um eben dieselbe Zeit bei Tage tat.

Die Menschen, die es bemerkten, freuten sich und sprachen: »Die Sonne hat den Mond besiegt, ihr warmer Schein strahlt bei Tage höher vom Himmel herab als das bleiche Licht des Vollmondes bei Nacht. Nun wissen wir, dass der Winter aus unserem Lande endlich weichen muss. Darum wollen wir fröhlich sein und wieder der erstarkten Sonne zu Ehren ein Fest feiern.«

Am Sonntag, der auf die Nacht folgte, in welcher der Vollmond niedriger am Himmel gestanden hatte als die Sonne bei Tage, feierten die Menschen das Osterfest, und das ist bis auf den heutigen Tag so geblieben. Wenn die Kinder in Garten oder Stube die Osternester mit den bunten Eiern darin finden, dürfen sie gewiss sein, dass die Sonne die Herrschaft am Himmel wieder angetreten hat und dass der Vollmond sich bis zum Herbst still wird bescheiden müssen, ob es ihm gefällt oder nicht. Sein Reich ist die Nacht, seine Zeit der Winter. Den Tag und den Sommer aber muss er der Sonne lassen!

Erika Dühnfort

Aus: Vom grössten Bilderbuch der Welt.
Verlag Freies Geistesleben, Stuttgart 1985

Schneeglöcklein, läut!/Schneeglöggli, lüüt!

2. Schneeglöcklein, läut!
Es kommt ’ne andere Zeit:
Voll Finkenschlag und Märzenstaub
Und Kirschenblust und Buchenlaub.
Schneeglöcklein, läut!
Es kommt ’ne andere Zeit.

Schweizer Mundart (= Original)
2. Schneeglöggli, lüüt!
Es git en andri Zyt:
Voll Finkeschlag und Märzestoub
und Chirsibluescht und Buecheloub.
Schneeglöggli, lüüt!
Es git en andri Zyt.

Frühlings-Zauberlied

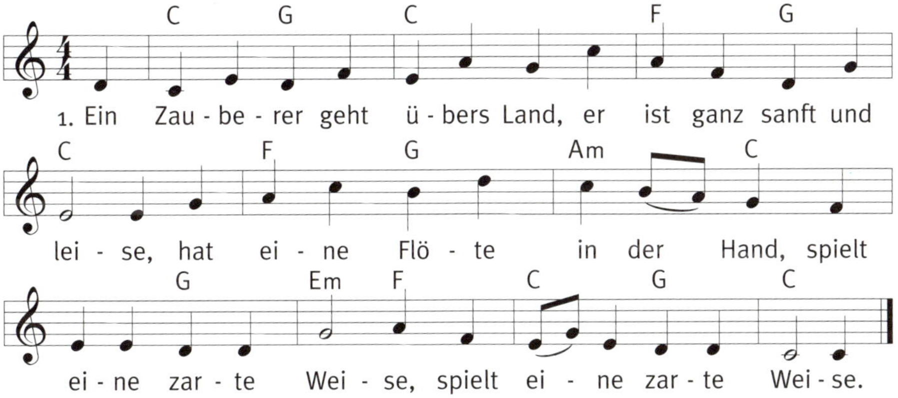

2. Und wenn's die Maus im Loche hört,
dann zuckt im Takt das Schwänzchen:
»Komm raus flink aus dem dunklen Loch,
wir wagen gleich ein Tänzchen!« ...

3. Und wenn's das Korn im Acker hört,
dann spürt's ein Rucken, Zucken;
gleich streckt es raus den grünen Trieb,
will aus der Erde gucken. ...

4. Und wenn's der Has' am Waldrand
hört,
dann spitzt er seine Ohren.
Er leckt den Jungen sanft das Fell,
denn die sind grad geboren.

5. Und wenn's der zarte Falter hört
in seiner Puppenwiege,
dann schlüpft er aus dem dunklen Haus,
steig höher, Falter fliege!

6. Und wenn's der blinde Maulwurf hört,
dann sagt er: »Ich muss graben,
ich werf' vor Freude Hügel hoch,
muss frische Würmer haben!«

7. Und wenn das Kind es staunend hört,
dann muss es tanzen, springen,
der Osterhase wartete schon
(oder: das Osterfest steht vor der Tür),
was wird er (es) uns wohl bringen?

8. So spielt der Zauberer sein Lied
und weckt das ganze Land.
Dann nimmt ein anderer ihm keck
die Flöte aus der Hand. (= der Sommer)

Der verkleidete »Frühling« (welcher vielleicht beim vorangehenden Spiel den Winter besiegt hat), geht mit Zauberstab und Flöte im Kreis herum und weckt mit einigen Flötentönen die schlafenden (am Boden kauernden) Tiere und Pflanzen. Bei den zwei letzten Strophen tanzen die Kinder fröhlich herum.

Ein Lamm- und ein Hasenlied findet sich im Kapitel Ostern, ein Schmetterlingslied im Kapitel Nachosterzeit und ein Vogellied im Kapitel Himmelfahrt.

Text: Barbara Cratzius
Musik: Ludger Edelkötter

24. März

GABRIEL – MARIA VERKÜNDIGUNG

Erzengel Gabriel
(Fresko, Rumänien)

Einführung/Historisches

Der 24. März war bis 1969 der Gedenktag des Erzengels Gabriel. Heute wird er in der katholischen Kirche zusammen mit Raphael und Michael am 29. September verehrt. Gabriel ist der grosse Botenengel Gottes. Seine Botschaften sind Träume, die er auch deutet, wie z. B. beim Propheten Daniel (Dan. 8,16; 9,21) oder er erscheint selber, wie bei Zacharias oder Maria, denen er die Geburt ihrer Kinder verkündet. Auf Grund seiner Botenfunktion wurde Gabriel Schutzpatron der Postboten und aller Nachrichtenübermittler/Kommunikationsträger. Nebst seiner Hauptfunktion als Bote wird Gabriel mancherorts zusätzlich als Engel der Zeugung und Geburt angesehen, weil er Kinder ankündigt und – vielleicht mit Letzterem zusammenhängend – sogar als Todes- und Auferstehungsengel.
Sein Name bedeutet: Gott ist meine Stärke oder Manneskraft Gottes.

Am 24. März feierte man schon vor über 1'500 Jahren das Fest Mariä Verkündigung zur Erinnerung daran, dass Maria durch den Engel Gabriel erfuhr, dass sie mit Jesus schwanger sein würde. Der 24. März befindet sich im Kalender 9 Monate vor dem 24./25. Dezember, dem offiziellen Geburtstag Jesu. Es lag daher auf der Hand, den Zeugungstag Jesu mit Gabriel zu verbinden und am 24. März zu feiern. Die frühesten Spuren eines Gabrieltages weisen jedoch noch weiter in die frühkoptische Zeit zurück, wo sein Festtag am 18. Dezember begangen worden ist.
In der jüdischen Tradition soll Gabriel einer der drei Männer gewesen sein, die Abraham besuchten (zusammen mit Michael und Raphael). Er soll Moses im Dornbusch erschienen sein, mit Jakob gerungen und Sodom zerstört haben. Nach Auffassung des Talmuds vollzieht Gabriel auch sonst die Urteile Gottes und soll viele andere Missionen übernommen haben.
Im Islam nimmt Gabriel (Djibril, Djabrail) eine bedeutende Stellung ein. Er überbringt den jeweiligen Propheten die Befehle Gottes und enthüllt ihnen seine Geheimnisse. So soll besonders Mohammed von Gabriel inspiriert worden sein.
Wir finden den Träger/Übermittler göttlicher Botschaften und Missionen auch in anderen Kulturen und Überlieferungen. Die alten Griechen kannten den Götterboten Hermes; bei den Römern wurde er Merkur genannt.

Engelsbotschaften heute

Wir können auch heutzutage Hinweise, Antworten und Botschaften von Engeln erhalten, wenn wir uns dafür öffnen. Dafür gibt es unzählige Beispiele aus allen Religionen und weltanschaulichen Richtungen in Geschichte und Gegenwart. Kinder haben ein besonderes Gespür für Engel, denn sie stehen dem Himmel noch näher. Es ist wie eine vage Erinnerung an ihre geistige Heimat, die sie ja erst kurz verlassen haben, um zur Welt zu kommen. Eine Legende weiss zu berichten, dass es der Engel Gabriel sei, welcher die Seelen im Himmel aussuche, die zur Erde kommen sollen. Er oder seine Diener unterrichten das werdende Kind in den neun Monaten der Schwangerschaft über seine zukünftigen Lebensaufgaben. Weil aber der Mensch nichts davon wissen dürfe, um im Leben ganz unbeeinflusst seinen Weg zu finden, drücke Gabriel den Babys kurz vor der Geburt den Finger auf die Lippen ... davon, so spricht die Legende, soll das Grübchen zwischen Nase und Mund herrühren. Wenn auch die unsichtbare Welt unseren irdischen Sinnen verschlossen bleiben muss, so kann der Mensch dennoch in Träumen, Ahnungen, Visionen und Kundgaben via menschliche Mittler mit dem Himmel verbunden bleiben. Gabriel, als Repräsentant des Heiligen Geistes der Wahrheit, hat das Patronat über die Jenseitsbotschaften aller Art und ist der Vermittler übersinnlicher oder medialer Fähigkeiten/Kundgaben. Im Herbstband dieser Reihe wird ausführlich über die Verbindung mit unseren Führerengeln/Schutzgeistern berichtet, im Sommerband (Kapitel Pfingsten) über das Wirken des Heiligen Geistes und im geplanten Winterband ist ein Kapitel den Träumen gewidmet.

Leitmotiv

Sich von himmlischen Botschaften befruchten und diese in sich reifen lassen. Wie Maria bereit sein, Göttliches zu empfangen und zur Welt zu bringen, durch unsere Hände, Augen, Worte, durch all unser Tun.

Sinnbilder

Schale mit Wasser
Eine Schale ist offen, weit und bereit etwas aufzunehmen. Sie ist damit ein Bild der Offenheit und Empfangsbereitschaft.
Das reine Wasser versinnbildlicht Einfachheit, Lauterkeit, Klarheit, Wahrheit. In der glatten Oberfläche des Wassers oder eines ruhigen Geistes (z. B. in der Meditation) kann sich der Himmel spiegeln und können himmlische Botschaften empfangen werden.

Informationsträger/Nachrichtenübermittler
wie Posaunen, Brieftauben, Schreibwerkzeuge (z. B. Federn), Schriftrollen, Bücher, Briefe, Wind/Geist ... in unserer Zeit sicher auch Gene und der Computer. Hier ist darauf hinzuweisen, dass das Vorhandensein eines Informationsträgers allein noch keine Garantie für die Wahrheit und Güte seiner Botschaft darstellt. Dies gilt nicht nur für Zeitungsnachrichten, sondern mindestens ebenso sehr für die unterschiedlichsten Eingebungen/Jenseitskundgaben, denen Menschen oft blinden Glauben schenken. Nicht alles, was aus der geistigen Welt kommt ist göttlich, denn diese umfasst nicht nur den Bereich der Engel, sondern auch den ihrer Widersacher: »Geliebte, glaubet nicht jedem Geist, sondern prüfet die Geister, ob sie von Gott stammen ...« (1. Joh. 4) Um wirklich mit der guten Seite verbunden zu sein, »die Gabe des Heiligen Geistes zu empfangen«, braucht es eine entsprechende Lebensführung, worauf Jesus und später auch die Apostel unermüdlich hingewiesen haben. In nachfolgendem Märchen »Himmelsschlüssel« ist diese Grundwahrheit in Bildern ausgedrückt.

Vorlesen/Erzählen

Zum Vorlesen eignen sich die Geschichten beider Verkündigungen durch den Engel Gabriel aus einer der zitierten Kinderbibeln.

Himmelsschlüssel

Es war einmal ein grosser und gewaltiger König, der herrschte über viele Länder. Alle Schätze der Erde gehörten ihm, er trieb sein tägliches Spiel mit den Edelsteinen von Ophir und den Rosen von Damaskus. Aber eines fehlte ihm bei all seinem grossen Reichtum: das waren die Schlüssel zu den Toren des Himmels.

Er hatte tausend Sendboten ausgesandt, die Schlüssel des Himmels zu suchen, aber keiner konnte sie ihm bringen. Er hatte viele weise Männer gefragt, die an seinen Hof kamen, wo die Schlüssel des Himmels zu finden wären, aber sie hatten keine Antwort gewusst. Nur einer, ein Mann aus Indien mit seltsamen Augen, der hatte die Edelsteine von Ophir und die Rosen von Damaskus lächelnd beiseite geschoben und ihm gesagt: alle Schätze der Erde könne man geschenkt erhalten, aber die Schlüssel des Himmels müsse jeder selber suchen.

Da beschloss der König, die Himmelsschlüssel zu finden, koste es, was es wolle. Nun war es zu einer Zeit, in der die Menschen noch sahen, wo der Himmel auf die Erde herabreichte, und alle noch den hohen Berg kannten, auf dessen Gipfel die Tore des Himmels gebaut sind. Der König liess sein Hofgesind zu Hause und stieg den steilen Berg hinauf, bis er an die Tore des Himmels gekommen war. Vor den Toren stand der Engel Gabriel, der Hüter von Gottes ewigem Garten. »Glorwürdiger«, sagte der König, »ich habe alle Schätze der Erde, viele Länder sind mir untertan, und ich spiele mit den Edelsteinen von Ophir und den Rosen von Damaskus. Aber ich habe keine Ruhe, ehe ich nicht auch die Schlüssel zum Himmel habe. Denn wie sollten sich sonst einmal seine goldenen Tore für mich öffnen?«

»Das ist richtig«, sagte der Engel Gabriel, »ohne die Himmelsschlüssel kannst du die Tore des Himmels nicht öffnen, und wenn du auch alle Künste und Schätze der Erde hättest. Aber die Himmelsschlüssel sind ja so leicht zu finden. Sie blühen in lauter kleinen Blumen, wenn es Frühling ist, auf der Erde und in den Seelen aller Geschöpfe.«

»Wie?«, fragte der König erstaunt, »brauche ich weiter nichts zu tun, als jene kleine Blume zu pflücken? Die Wiesen und Wälder stehen ja voll davon, und man tritt darauf auf all seinen Wegen.«

»Es ist wahr, dass viele Menschen die Himmelsschlüssel mit den Füssen treten«, sagte der Engel, »aber so leicht, wie du es dir denkst, ist es doch nicht gemeint. Es müssen drei Himmelsschlüssel sein, die dir die Tore des Himmels aufschliessen, und alle drei sind nur dann richtige Himmelsschlüssel, wenn sie zu deinen Füssen für dich aufgeblüht sind. Die vielen tausend anderen Himmelsschlüssel, die auf der Erde stehen, sollen die Menschen nur daran erinnern, die richtigen Himmelsschlüssel zum Aufblühen zu bringen, und das sind die Blumen, die alle Menschen mit den Füssen treten.«

In dem Augenblick kam ein Kind vor die Tore des Himmels, das hielt drei kleine Himmelsschlüssel in der Hand, und die Blumen blühten und leuchteten in der Hand des Kindes. Als nun das Kind die Tore des Himmels mit den drei Himmelsschlüsseln berührte, da öffneten sich die Tore weit vor ihm, und der Engel Gabriel führte es in den Himmel hinein. Die Tore aber schlossen sich wieder, und der König blieb allein vor den geschlossenen Toren stehen. Da ging er nachdenklich den Berg hinunter auf die Erde zurück, und überall standen Wiesen und Wälder voll der schönsten Himmelsschlüssel. Der König hütete sich wohl, sie zu treten, aber keine Blume blühte zu seinen Füssen auf.

»Sollte ich die richtigen Himmelsschlüssel nicht finden«, fragte sich der König, »wo

ein Kind sie gefunden hat.« Aber er fand nichts, und es vergingen viele Jahre.
Da ritt er eines Tages mit seinem Hofgesinde aus, und ein schmutziges, verwahrlostes Mädchen, das weder Vater noch Mutter hatte, bettelte ihn an, als er mit seinem glänzenden Gefolge vorüberkam.
»Mag es weiter betteln!«, sagten die Höflinge und drängten das Kind beiseite.
Der König aber hatte in all den Jahren, seit er von dem steilen Berge gekommen war, viel über die Himmelsschlüssel nachgedacht und trat sie nicht mehr mit den Füssen. Er nahm das schmutzige Bettelkind auf, setzte es zu sich aufs Pferd und brachte es nach Hause. Dort liess er es speisen und kleiden, er pflegte und schmückte es selbst und setzte ihm eine Krone auf den Kopf.
Da blühte zu seinen Füssen ein kleiner goldener Himmelsschlüssel auf. Der König aber liess die Armen und die Kinder in seinem Reich als seine Brüder erklären.
Wieder vergingen Jahre, und der König ritt in den Wald mit seinem Hofgesinde. Da erblickte er einen kranken Wolf, der litt und sich nicht regen und helfen konnte.
»Lass ihn verenden!«, sagten die Höflinge und stellten sich zwischen ihn und das elende Tier.
Der König aber nahm den kranken Wolf und trug ihn auf seinen Armen in seinen Palast. Er pflegte ihn selber gesund, und der Wolf wich nie mehr von ihm. Da blühte ein zweiter goldener Himmelsschlüssel zu des Königs Füssen auf. Der König aber liess von nun an alle Tiere in seinem Reich als seine Brüder erklären.
Wieder vergingen Jahre – aber nun schon nicht mehr eine so lange Zeit, wie sie vor dem ersten Himmelsschlüssel vergangen war –, da ging der König in seinem Garten umher und freute sich an all den seltenen Blumen, die, kunstverständig gehütet und gepflegt, seinen Garten zu einem der herrlichsten von allen Ländern machten. Da erblickte der König eine kleine unschöne Pflanze am Wegrand, die am verdursten war und die verstaubten Blätter in der sengenden Sonnenglut senkte.
»Ich will ihr Wasser bringen«, sagte der König.
Doch der Gärtner wehrte ihm. »Es ist Unkraut«, sagte er, »und ich will es ausreissen und verbrennen. Es passt nicht in den königlichen Garten zu all den herrlichen Blumen.«
Der König aber nahm seinen goldenen Helm, füllte ihn mit Wasser und brachte es der Pflanze, und die Pflanze trank und begann wieder zu atmen und zu leben.
Da blühte der dritte Himmelsschlüssel zu des Königs Füssen auf, und das Bettelmädchen und der Wolf standen dabei. Der König aber sah auf dem steilen Berge die Tore des Himmels weit, weit geöffnet, und im Sonnenlicht, das um die Zinnen flutete, sah er den Engel Gabriel und jenes Kind, das damals schon den Weg zum Himmel gefunden hatte. Die drei Himmelsschlüssel blühen heute noch, und sie leuchten heute noch heller und schöner, als alle Edelsteine von Ophir und alle Rosen von Damaskus.

Manfred Kyber

Aus: Manfred Kyber: Gesammelte Märchen.

Vielleicht erzählen wir diese Geschichte, nachdem wir im Wald blühende Himmelsschlüsselblumen entdeckt haben?

Gestalten

Schale aus Ton

In eine Lehmkugel drücken wir mit dem Daumen eine Vertiefung und formen nach und nach eine kleine Schale – unsere Seelenschale. Wenn sie bis Ostern trocken und gebrannt ist, verwenden wir sie für das Osterwasser oder lassen darin Osterweizen keimen als Sinnbild für alles, was in uns neu auferstehen möchte.

Gabriel-Brief

Wenn es die vorösterlichen Aktivitäten erlauben, nehmen wir uns Zeit, einen Brief an den Erzengel Gabriel zu schreiben, ähnlich wie es in den Kapiteln Michael und Raphael des Herbstbandes dieser Reihe beschrieben ist. Wir können den grossen Herold um göttliche Inspirationen für unsere RegierungsvertreterInnen bitten. Er soll auch uns durch seine Boten Eingebungen, Antworten und Träume schicken, die uns erleuchten und einleuchten, oder eine Sache in einem anderen, göttlichen Licht erstrahlen lassen. Deshalb wählen wir sinnigerweise ein gelbes Papier, vielleicht kombiniert mit dem stillen, meditativen Violett? Verzieren können wir den Brief mit Federn, Schriftrollen, Tauben (Heiliger Geist) oder anderen Vögeln, Posaunen oder Gabriel-Sinnbildern. Er findet seinen Platz über dem Jahreszeiten-Tisch oder einer besonderen Ecke im Zimmer.

Gedicht

Gabriel

Oh Gabriel, du Himmelsblitz,
auf hohem Berge ist dein Sitz.
Wie ziehst du adlergleich daher
als Bote über Land und Meer!

Oh Gabriel, du Himmelsglanz,
du Herold in dem Göttertanz.
Von weither die Posaune dringt,
an jedes Ohr die Botschaft bringt.

Oh Gabriel, du Himmelsklang,
wie laut erschallt dein Lobgesang.
»Nur Gott ist meine grosse Stärke«,
so kündest du des höchsten Werke.

Oh Gabriel, du Himmelswind,
wir wollen werden wie ein Kind,
uns öffnen, hören, was du singst,
wenn du uns Gottes Worte bringst.

Oh Gabriel, du Himmelslicht,
schenk du uns Träume, klare Sicht,
und deute uns der Bilder Sinn,
damit wir lernen mit Gewinn.

Oh Gabriel, du Himmelssohn,
Erkenntnis bringst du und Vision,
Propheten, Lehrern, dir und mir,
so wir bereit sind jetzt und hier.

Einzug in Jerusalem
(byzantinische Ikone)

Einführung

Einzug in Jerusalem
Am Palmsonntag erinnern wir uns daran, wie Jesus auf einem Esel in Jerusalem einzog, dass die begeisterte Volksmenge ihm mit Palmzweigen zujubelte und ihn über ihre ausgebreiteten Kleider reiten liess wie auf einem Teppich für den König (vgl. Joh. 12,12-19 und Mk. 11,1-11).
Jetzt dauert es nur noch eine Woche bis zum Osterfest!

Karwoche/Passionszeit
Am Palmsonntag beginnt zugleich die Karwoche oder die stille, heilige Woche. Es ist die Passions- oder Leidenszeit Christi. So begeistert Jesus in Jerusalem empfangen wurde, so enttäuschend und schrecklich wurde er bald von allen verlassen: Von seinen Freunden, die einschliefen, als er in seiner Not im Garten Gethsemane zu Gott flehte. Von Judas, der ihn verriet; von Petrus, der ihn verleugnete; von der jüdischen Obrigkeit, die ihn aus dem Weg schaffen wollte; von der Volksmenge, die ihn ans Kreuz schrie, von Pilatus, der ihn verurteilte und am Kreuz sogar von Gott, von dem er sich verlassen fühlte (»Mein Gott, mein Gott, warum hast du mich verlassen!«, Mk. 15,34). Beliebt sein und verraten, fallen gelassen werden, welch schmerzliche Erfahrung! Wir kennen sie alle, wenngleich nicht in demselben Ausmass. Christus forderte die Menschen auf, ihr Kreuz auf sich zu nehmen, ihm nachzufolgen, d. h. auch bereit zu sein durch Leid, Schmerz und Tod hindurchzugehen. So wie er an Ostern auferstanden ist, werden auch wir aus jeder Dunkelheit einmal auferstehen.
Um dies nachzuvollziehen wurden deshalb begehbare Kreuzwege mit den Stationen des Leidenswegs Christi geschaffen.

Historisches

Passionsspiele
Bildliche Darstellungen aus der Leidensgeschichte Christi waren seit frühchristlicher Zeit Hauptgegenstand der Malerei und Plastik. Sehr bald wurden diese Geschehnisse auch aufgeführt. Sogenannte Passionsspiele wurden seit dem 13. Jh. in Kirchen vorgetragen und haben sich in einigen katholischen Gebieten bis heute gehalten.

Palmprozessionen
Palmprozessionen sind seit 400 n. Chr. in Jerusalem bekannt, von wo aus sie sich rasch ausbreiteten. Im Mittelalter führten die Prozessionen einen rollenden, hölzernen, geschnitzten Esel mit sitzendem Jesus mit; an der Spitze der Prozession wurde ein Kreuz oder Evangelienbuch getragen, viele Gläubige hatten Palmzweige in der Hand. Solche und ähnliche Umzüge, z. B. mit einem echten Esel und Jesusschauspielern finden heute noch statt, z. B. in Sizilien.

Palmprozessionen heute:
Bei den im hiesigen katholischen Raum veranstalteten Palmprozessionen wird oft ein geschmücktes Kreuz vorangetragen. Die Palmzweige (in unseren Gegenden verwendet man Weidenkätzchen, Buchs, Stechpalme, Wacholder- und Haselnusszweige, Thuja u. a. m.) werden zu Büscheln (Palmbuschen) zusammengebunden. Mancherorts entstehen kunstvolle Palmbäume: Man bindet die Zweige zu grossen Sträussen, windet Kränze, Herzen und Spiralen, mit denen die Palmstangen geschmückt werden. Nach Belieben verziert man sie zusätzlich mit bunten Bändern, Blumen, Äpfeln, Fastenbrezeln, gefärbten Eiern und kleinen

Säckchen mit Getreide aller Sorten. Die beim Gottesdienst geweihten Palmbuschen stellt man daheim zur Zierde in eine Vase, hängt sie übers Bett, über ein Kreuz oder steckt sie auf Äcker und Wiesen. Sie sollen Segen bringen, vor allerlei Unglück bewahren und bleiben dort bis zur nächstjährigen Palmprozession.

Leitmotiv

»Gepriesen sei, der da kommt, der König, im Namen des Herrn.« (Luk. 19,38)
Jubel Freude über den grossen Rabbi (Lehrer) und Wundertäter Jesu, der in seine Stadt einzieht.

Sinnbilder

Palmzweig, Palmstrauss
Der Palmzweig ist wie eine Begrüssungsfahne, ein Freudenstrauss für Jesus, den König, den Propheten, den Retter und Erlöser.

Der Esel
Der Esel ist ein Bild der Demut und Bescheidenheit, als Merkmal wahrer, geistiger Grösse. Mit einem unauffälligen Esel als Reittier hebt sich Jesus bewusst ab von dem Auftreten eines prunkvollen Herrschers oder bewaffneten Kriegshelden hoch zu Ross. Seine Herrschaft ist eine andere. Er solidarisiert sich mit den einfachen Bauern und gewöhnlichen Reisenden, welche den Esel als Last- oder Reittier benutzen. So sagte es der Prophet Sacharja voraus: »Frohlocke laut, Tochter Zion! Jauchze, Tochter Jerusalem! Siehe, dein König kommt zu dir; gerecht und siegreich ist er, demütig ist er und reitet auf einem Esel, auf dem Füllen einer Eselin.« (Sach. 9,9 ff)

Das Bild im Hintergrund kann beim Schweiz. Verlag für kirchliche Kunst in CH-3123 Belp bezogen werden.

Jahreszeiten-Tisch

Ein Bild oder biblische Figuren illustrieren das Geschehen. (In Süddeutschland und Österreich können mancherorts noch so genannte Passionskrippen bewundert werden.) Während der Karwoche kann jeden Morgen und Abend eine kleine Kerze brennen, um die heilige Zeit hervorzuheben. Die selbst verzierte Osterkerze kann dabei stehen, aber wir entzünden sie erst am Ostermorgen.

Esstisch

Auf unserem Esstisch bezeichnen wir den Weg nach Jerusalem durch ein erdfarbenes Tuch. Darauf legen wir Puppenkleider, Palmzweige (solche, die in Blumensträussen als Grünzeug verwendet werden) und viele kleine Teelichter. Falls vorhanden, kann eine Jesusfigur auf einem Esel dazugestellt werden. So werden wir selber zu Teilnehmenden oder Zuschauenden des Einzuges in Jerusalem.

Speisen

Osterfladen

(reicht für 2 runde Kuchenformen von ca. 25 cm Ø)

Kuchenteig:
(evtl. fertig kaufen, 1/2 kg)

250 g Mehl *1 KL Salz* *120 g Butter in kleinen Stücken*	*Mehl und Butter zwischen kühlen Händen krümelig reiben*
1 dl Wasser	*beigeben und zu einem Teig kneten, 20 Min. kühl stellen*

Füllung:

7,5 dl Milch *2,5 dl Rahm*	*aufkochen*
2 grosse Pr. Salz *100 g Griess*	*einrühren und zu Brei kochen, leicht abkühlen lassen*
100 g Zucker *100 g geschälte, gemahlene Mandeln* *100 g Weinbeeren* *1-2 Zitronenschalen abgerieben* *2 Tropfen Bittermandel-Extrakt (nach Belieben)*	*in den abgekühlten Brei rühren*
4 Eigelb und 4 Eiweiss	*zu Schnee schlagen und darunter ziehen*
Puderzucker	*zum Bestreuen des fertigen Fladens*
evtl. Konfitüre	*zum Bestreichen des Teigbodens*

Kuchenteig auf Mehl auswallen und auf zwei mit Backtrennpapier belegte, runde Bleche geben; evtl. mit Konfitüre bestreichen. Die Füllung darauf verteilen und die Fladen 30 Min. auf der untersten Rille des vorgeheizten Ofens bei 220° C backen.

Dekoration: Lamm oder beliebige Form aus Papier schneiden; auf den gebackenen Fladen legen und Puderzucker darüber streuen; Papierform sorgfältig abheben. Nach Belieben mit farbigen Zuckereiern garnieren.

Oster-Kekse (mit Schokoladeglasur)

250 g Butter	*weich rühren*
2 Eier 250 g Zucker 2 Pr. Salz 1 Zitronenrinde, abgerieben	*dazugeben, glatt rühren*
420 g Mehl	*darunter mischen, zusammenkneten, kühl stellen*

Nach ca. 30 Min. auf Mehl auswallen, mit beliebigen Förmchen (Lamm, Hase, Schmetterling, Huhn, Hahn ...) ausstechen; auf ein mit Backtrennpapier belegtes Backblech geben und 8-15 Min. (je nach Teigdicke) bei 220° C hellbraun backen.
Mit weisser, brauner und dunkler Schokoladeglasur überziehen: In Stücke gebrochene Schokolade mit kochendem Wasser übergiessen, einige Minuten stehen lassen, Wasser abgiessen, etwas Butter oder erwärmten Rahm darunter ziehen, Kekse bepinseln.

Der Palmesel

Mit »Palmesel« neckt man dasjenige Familienmitglied, welches am Morgen des Palmsonntages als Letztes aufsteht. Wer besonders lange schläft, treibt man mit Weidenruten aus dem Bett oder kitzelt so lange mit Weidenkätzchen, bis sie oder er endlich aufwacht.

Weiden- oder Palmkätzchen blasen

Zwei Spielende sitzen sich mit einer Anzahl Weidenkätzchen gegenüber und versuchen die eigenen Kätzchen auf die Gegnerseite zu pusten, ohne dass sie vom Tisch fallen. Wer zuerst keine Kätzchen mehr auf seiner Tischhälfte hat, ist Sieger.

Ostergrün säen

In Anlehnung an das Christuswort vom Weizenkorn, das nicht Frucht tragen kann, wenn es nicht in die Erde fällt (Joh. 12,24-26), wurde es zum Brauch, Sommerweizen, Grassamen, Kresse o. Ä. in Tonschalen (evtl. in der selbst modellierten Seelenschale, siehe Kapitel Gabriel) zu säen. Weizenkörner wachsen schneller, wenn man sie vor dem Säen ein bis zwei Tage in warmes Wasser einlegt, bis sie zu keimen beginnen. Mit Erde bedeckt an hellem Standort aufstellen und ständig feucht halten, eventuell mit Wasser besprühen. Schon bald kann das neue Leben bewundert werden. An Ostern legt man verzierte Eier hinein, die im frischen Grün schön zur Geltung kommen.

Palmbuschen

Wer hat Lust, selber Palmbuschen zu binden? Auch wenn keine Palmprozession stattfindet, z. B. in reformierten Gegenden, kann man den Jahreszeiten- oder Esstisch passend damit schmücken.

Säespruch der Kinder

Dunkler Schoss der Mutter Erde:
Nimm das kleine Körnlein auf,
dass es eine Ähre werde,
hilf zur Sonne ihm hinauf.

Schicke, Sonne, deine Strahlen
auf mein Körnlein nun herab,
lass es aus der Erde spriessen,
hilf ihm aus dem finstern Grab.

Kommt vom Meer, ihr Wolkenscharen,
wehet übers Körnlein hin,
lasset Regen niederfahren,
gebet bald zu trinken ihm.

Guter Mond, auch du musst scheinen
auf mein Körnlein in der Nacht,
liebe Sterne, schickt ihm Träume,
dass es nicht zu früh erwacht.

Schweizer Mundart

Es Chorn wachst us der Ärde

Es Chorn wachst us der Ärde,
das geit ihm grüsli gnue.[1)]
Es möchte es Ähri wärde
und sträbt em Himmel zue.

Und we der Buur wott ärnte,
so isch es rif und voll.
S' wohnt ou i mir e Chärne,
wo nes Ähri wärde söll.

Ernst Bühler

Aus: Bühler/Lobeck (Hrsg.),
Scheine Sonne scheine. © Paul Haupt Berne
[1)] oder: es lot ihm gar ke Rue.
es het vom Warte (Schloofe) gnue.

Musik

Von den vielen Kompositionen zum Leidensweg Christi ist die Matthäus-Passion von J. S. Bach wohl die bekannteste. Bach hat auch den Text (von Picander) mitgestaltet. Weitere bekannte Werke sind: Die »Passion« von Heinrich Schütz, das »Stabat Mater« von Pergolesi, die »7 Worte des gekreuzigten Jesu« von Haydn und der »Christus am Ölberg« von Beethoven.

Lieder, Gedichte und Geschichten

Die besinnliche Woche vor Ostern eignet sich besonders gut, um wie in der Adventszeit zusammenzusitzen, gemeinsam zu singen, Gedichte einzuüben, vorzulesen. Passende Lieder, Gedichte, Geschichten und Büchertipps finden sich in den Kapiteln Fastenzeit/Vorosterzeit, Frühlingsanfang, Ostern und Himmelfahrt.

Vorlesen/Erzählen

– Licht der Auferstehung. Erzählungen zur Osterzeit, Edition Tau. Geschichten für ältere Kinder und Erwachsene.

– Visionen der Anna Katharina Emmerich (für Erwachsene)
Wer sich tiefer mit der Passion Jesu auseinander setzen möchte, findet reiches Material in den Visionen der stigmatisierten A. K. Emmerich, »Das bittere Leiden unseres Herrn Jesu Christi« (Christiana Verlag, Stein am Rhein), aufgezeichnet durch Clemens Brentano.

Passions- und Ostergeschichten siehe ausserdem Hinweise in den Kapiteln Fastenzeit/Vorosterzeit und Frühlingsanfang.

Abendmahl
(Otto Baumberger, c/o Schweiz. Verlag für kirchl. Kunst, Belp)

Einführung

Abendmahl

Am Abend vor seiner Gefangennahme und Kreuzigung versammelte Jesus seine JüngerInnen zu einem letzten gemeinsamen Mahl, dem Abschieds- oder Abendmahl. Er teilte Brot und Wein und bat seine Freunde, es zu seinem Andenken weiterhin so zu halten (z. B. Luk. 22,14-20). Damit besiegelte er den neuen Bund, den Gott durch ihn mit allen Menschen geschlossen hatte. Dieses Abendmahl war das jüdische Passahmahl (mit Osterlamm, ungesäuertem Brot und bitteren Kräutern), welches an jenes erste Mahl erinnert, welches das Volk Israel noch in ägyptischer Gefangenschaft, aber schon in der Hoffnung auf die Befreiung hielt. So wie dem ersten Passahmahl die Befreiung aus der Knechtschaft Ägyptens folgte, so folgte dem Abendmahl die Befreiung von »dem Tod«, der Knechtschaft des Bösen (siehe Kapitel Ostersamstag).

Fusswaschung: Am Gründonnerstag fand auch die bekannte und eindrückliche Szene der Fusswaschung statt. Im Orient war es damals üblich, vor dem Betreten eines Hauses und der Teppiche die staubigen Füsse zu waschen; es war eine Arbeit, die von Bediensteten übernommen wurde. Indem Jesus seinen Freunden die Füsse wusch, sich also in ihren Augen demütigte, wollte er zeigen, wie wir Menschen miteinander umgehen sollen: mit zärtlicher, liebevoller Hingabe, ohne sich über den anderen zu erheben, sondern um ihm zu dienen.

Im Garten Gethsemane und Gefangennahme: Nach dem Abendmahl betet Jesus im Garten Gethsemane unter Angst und Schmerzen zu Gott. Er ist bereit zu sterben, wenn es Gottes Wille ist. Gleich darauf wird Jesus durch Judas verraten und von den Häschern der Hohepriester gefangen genommen.

Historisches

Am Gründonnerstag wurden früher die Greinenden (= die Weinenden, das Wort stammt vom mittelhochdeutschen Wort »gronan« = »weinen« ab und heisst in Schweizer Mundart noch heute »gränne«), die am Aschermittwoch als Büsser aus der Gottesdienstgemeinschaft ausgeschlossen wurden, wieder in die Kirche aufgenommen. Man bezeichnete ihn deshalb auch als Antlass-Tag. Büsser und Büsserinnen wurden aus ihren Schulden entlassen, was sich gleichermassen auf die Schuld der zu entrichtenden Naturalsteuern bezog, aus denen man mit der Abgabe der Steuer am Gründonnerstag entlassen wurde.
Der Name Gründonnerstag ist schon um 1'200 erwähnt (»grüene donerstac«) und geht möglicherweise auch auf den alten Brauch zurück, an diesem Tag grüne Speisen (Kräutersuppe, Spinatkuchen, Schnittlauchomeletten, Brennnesselküchlein, Kräuterquark usw.) mit frischen Frühlingskräutern und Gemüse zuzubereiten. Diese Speisen erinnern an die Bitterkräuter, welche die Juden zur Erinnerung an die Bitterkeit der Knechtschaft unter den Ägyptern zum Passahmahl essen. Sie sollten den Menschen zugleich mit den Lebenskräften des neuen Frühlings stärken.
Der Gründonnerstag heisst bei uns auch »Hoher Donnerstag«, in andern Sprachen »Grosser Donnerstag«, in Griechenland »Roter Donnerstag«, weil man an diesem Tag die typisch roten Ostereier färbt.
Den an diesem Tag gelegten Eiern wurde früher vielerorts eine heilsbringende Kraft nachgesagt.

Das Verstummen der Glocken an den Tagen vor Ostern:
Nach alter katholischer Tradition läuten die Glocken zum letzten Mal vor der Messe am Abend des Gründonnerstag und bleiben dann stumm bis zum Gloria in der Osternachtsmesse, welches die Auferstehung Jesu verkündet. Als Ersatz für die verstummten Glocken wurden seit dem 13. Jh. hölzerne Ratschen und Klapperinstrumente verwendet, mancherorts heute noch. Der unangenehme Lärm ruft die Gläubigen am Karfreitag zum Gebet und Gottesdienst, er soll an Leid und Trauer des Herrn erinnern. Mit dem Wiedererklingen des harmonischen Glockengeläuts am Karsamstagabend kehren symbolisch Leben und Hoffnung in die Welt zurück.

Leitmotiv

Abschied und Verbundensein mit Jesus in Gemeinschaft

Sinnbilder

Brot

Jesus sagte von sich: »Ich bin das lebendige Brot, das vom Himmel herabgekommen ist. Wenn jemand von diesem Brot isst, wird er in Ewigkeit leben. Aber das Brot, das ich geben werde, ist zugleich mein Fleisch, das ich geben werde für das Leben der Welt.« (Joh. 6,51)
Das Brot ist ein Bild für den Leib Jesu, unsere geistige Speise, durch die wir mit der Welt des wahren Lebens, mit der göttlichen Welt verbunden sind, und nicht »sterben«, d. h. nach dem irdischen Tod der Unterwelt anheimfallen, »wie die Väter es gegessen haben und hernach doch ›gestorben‹ sind.« (Joh. 6,58) Das Sterben ist hier im übertragenen Sinn zu verstehen. Jeder Mensch muss den irdischen Tod durchlaufen, kann aber seit Christi Erlösungstat nach dem Tod in den Himmel auferstehen (nähere Ausführungen im Kapitel Ostersamstag).

Wein

Jesus sagte von sich: »Ich bin der wahre Weinstock und mein Vater ist der Weingärtner. (...) Bleibet in mir und ich bleibe in euch!« (Joh. 15,1-8)
Der Wein ist ein Bild für das Blut Jesu, das vergossen wurde zur Vergebung der Sünden und zur Besiegelung des neuen Bundes (Mt. 26,26-29) mit allen Menschen; dies als Erfüllung und Vollendung des alten Bundes mit dem Volk Israel im Alten Testament, wo man auf den »Bundesmittler«, »das Licht der Völker« (Jes. 42,6-7) oder den »Bundesengel« (Maleachi 3,1) noch wartete. Der Prophet Jeremia zeigt in seiner Voraussage den Unterschied des alten Bundes, der mit Noah begann und mit dem Auszug aus Ägypten erneuert wurde zum neuen Bund (von Passah zu Ostern): »Siehe, es kommen Tage, spricht der Herr, da schliesse ich mit dem Hause Israel und mit dem Hause Juda einen neuen Bund, nicht einen Bund, wie ich ihn mit ihren Vätern schloss zu der Zeit, da ich sie bei der Hand nahm, um sie aus dem Lande Ägypten herauszuführen; ... Ich werde mein Gesetz in ihr Inneres legen und es ihnen ins Herz schreiben; ... sie werden mich alle erkennen, klein und gross, spricht der Herr; denn ich werde ihre Schuld verzeihen und ihrer Sünden nimmermehr gedenken.« (Jer. 31,31-34)
Im neuen Testament heisst es dazu: »Und deshalb ist er Mittler eines neuen Bundes, damit, nachdem der Tod erfolgt sein würde zur Erlösung von den Übertretungen unter dem ersten Bund, die

Berufenen die Verheissung des ewigen Erbes empfangen sollten.« (Hebr. 9,15)

Wein und Brot spielten im Judentum seit jeher eine wichtige Rolle. Nach dem rituellen Händewaschen eröffnet der Hausherr bis heute jeden Freitag die Schabbatmahlzeit mit Segenssprüchen (Kiddusch) über Wein und Brot. Indem Jesus das Brot und den Wein segnete, knüpfte er an eine alte jüdische Tradition an. Mit der Einsetzung des Abendmahls brachte Jesus die alten Sinnbilder mit sich selber in Verbindung (sein Gedächtnis feiern) und versah sie mit einer neuen Bedeutung (Zeichen des neuen Bundes).

Jahreszeiten-Tisch

Wir können den Jahreszeiten-Tisch mit einem Laib Brot und einem Kelch Traubensaft oder Wein schmücken, zum Andenken an Jesus und den neuen Bund, seine liebende Verbundenheit mit uns und durch ihn mit allen Menschen. Ein Bild des Abendmahls oder biblische Figuren illustrieren das Geschehen.

Abendmahl in Familie, Schule und Katechese

Mancherorts hat sich die Tradition eingebürgert, am Gründonnerstag gemeinsam ein »orientalisches Abendmahl« einzunehmen. Die lockere, offene Form spricht Kinder und Erwachsene an und ermöglicht allen einen natürlichen Zugang zu diesem bedeutsamen christlichen Gedenken. Man kann Kindern erklären, dass die ersten Christen und Christinnen es in ähnlicher Form gepflegt haben. Kirchengebäude existierten damals noch nicht, die Gottesdienste wurden in Privathäusern abgehalten; das Abendmahl hatte nicht diese ritualisierte Form wie heute. Als Einstieg eignet sich das wunderschöne Bilderbuch »Jesus teilt das Brot« (siehe Abschnitt Vorlesen/Erzählen).

Wir backen Fladenbrote und bereiten gemeinsam passende Beilagen vor: Schafskäse, Oliven, Datteln, Feigen, Weinbeeren, Nüsse, Linsensalat (ausgekochten Linsen), Gurken und pikante Saucen zum Tunken des Brotes. Beispiele: pürierter Thunfisch (mit Essig, Öl, Mayonnaise, Zwiebeln), pürierte Oliven (mit Olivenöl, Salz und Knoblauch), Kräuterquark, darüber geröstete Kürbiskerne streuen. Kinder lieben es, nach alter Sitte im Kreis am Boden und auf Kissen/Matratzen zu sitzen oder gar zu liegen. Wir arrangieren das Mahl mit den verschiedenen Speisen auf einem schönen Tuch in der Mitte. Zu trinken gibt es Traubensaft in einem passenden Kelch oder Krug. Wir bitten mit einem Gebet um den Segen für Brot und Wein, singen ein Lied und reichen einander zum Zeichen der Verbundenheit die Hände. Anschliessend lassen wir den Kelch kreisen, verteilen die Brote und geniessen das Festmahl.

Speisen

Orientalisches Fladenbrot

2 Päckchen Trockenhefe (ca. 14 g)

1 Pr. Zucker	*verrühren und ca. 10 Min.*
1 dl Wasser	*stehen lassen = Hefelösung*
1/2 dl Olivenöl	*verrühren; Hefelösung*
5 dl Wasser	*dazugiessen*
1 EL Salz	*umrühren = Flüssigkeit*
1 kg Mehl (Ruch- oder Vollkornmehl)	*mit der ganzen Flüssigkeit sehr gut verkneten, einen Ballen formen, mit Olivenöl einreiben und zugedeckt aufgehen lassen.*

Backofen auf 250° C vorheizen, Teigbälle formen und auf bemehltem Tisch zu runden, sehr flachen Fladen auswallen (höchstens 1/2 cm dick!); mit einer Gabel mehrmals einstechen, sonst bilden sich Blasen/Teigtaschen (dieser Effekt ist nur dann erwünscht, wenn die Taschen gefüllt werden sollen). Backen: je zwei Fladen pro Backblech auf Mehl oder Backtrennpapier 5-10 Min. in der

Mitte des Ofens; nicht zu dunkel backen, da die Brote sonst hart werden. Am bestens ganz frisch und noch warm essen; zum Warmhalten in Tücher einschlagen.
Falls man ungesäuertes Brot herstellen will, wie es die Juden nach Vorschrift aus dem alten Testament tun, lässt man die Hefe weg. Die Fladen werden dabei etwas flacher und knuspriger.

Tipp: Nach Belieben kann man die Fladen vor dem Backen mit Eigelb bestreichen und mit Sesam- oder Mohnsamen bestreuen.

Gründonnerstag-Kräutersuppe

1 gehackte Zwiebel oder Lauch mit 250-500 g gehacktem Spinat und vielen frischen, gehackten Kräutern (z. B. Bärlauch, Löwenzahnblätter, Ruccola, Schafgarbe, Brennnesselblätter, Kresse, Petersilie, Schnittlauch ...)	*andämpfen*
1 l Wasser und 2 Bouillon-Würfel	*dazu geben, aufkochen, evtl. pürieren*
2 geriebene Kartoffeln oder 1-2 EL Mehl (in wenig kaltem Wasser angerührt)	*damit nach Belieben die Suppe verdicken*
mit Pfeffer, Muskat, Salz und gepresstem Knoblauch	*nach Belieben nachwürzen*
und mit Rahm	*verfeinern*

Spinat-Kräuterkuchen

Zubereitung wie Gemüsekuchen nach Kochbuch; als Gemüse: Blattspinat mit vielen frischen Kräutern verwenden.

Massage

In Anlehnung an die Fusswaschung der Jünger (Joh. 13,3 ff), können wir einander die Füsse oder Hände waschen und liebevoll massieren; wir tun dies als Zeichen der gegenseitigen Wertschätzung und Bereitschaft, füreinander da zu sein.

Vorlesen/Erzählen

Aus einer Kinder- oder Bilderbibel auswählen: Abendmahl-Geschichte, Fusswaschungs-Geschichte.

Bilderbuch
Schindler/Schmid: Jesus teilt das Brot. Verlag Ernst Kaufmann, Lahr 1993.
Das Buch berichtet vom Erleben des gemeinsamen Abendmahls aus der Sicht eines kleinen Mädchens der damaligen Zeit; ein sehr empfehlenswertes Buch mit vielen schönen, symbolkräftigen Bildern. Eine Diaserie zum Buch ist erhältlich beim Verleih Bild und Ton, Jungstr. 9, CH-8050 Zürich,
Telefon +41 (01) 302 00 02.

Geschichte

Simon erlebt ein Passahfest

Die gläubigen Juden feiern bis auf den heutigen Tag das Passahfest. Sie freuen sich, dass Gott ihre Vorfahren bei einer Plage in Ägypten geschont hat, sie später aus der Gefangenschaft Ägyptens befreite und ihnen auch heute noch nah ist.
Der kleine Samuel hat heute seinen grossen Tag. Er kann es kaum abwarten, bis sich am Abend die ganze Familie im Gasthaus um den grossen Tisch versammelt. Grossvater hat schon im Tempelhof das Osterlamm geschlachtet. Nun wird es in der Küche für das Festessen zubereitet. Samuel darf zusehen, wie die Frauen den grossen Tisch im Gästehaus feierlich decken.
Auf Silberschalen wird das Lammfleisch hereingebracht. An jedem Platz stehen Schüsseln und kostbare Becher für den Wein. Oben am Tisch steht der Sessel des Grossvaters wie ein Königsthron, ihm gegenüber der siebenarmige Leuchter und der Korb mit dem ungesäuerten Brot. Samuel weiss, das erinnert an den Auszug aus Ägypten. Da hatten die Israeliten keine Zeit mehr, Brot und Sauerteig zu backen. So blieb das Brot für die grosse Reise ungesäuert.
Schon kommen die ersten Gäste. Feierlich begrüssen sie den Grossvater. Er ist ja der Gastgeber. Jedem zeigt er seinen Platz rund um den Tisch. »Wo ist denn Samuel?«, fragt Grossvater. »Er hat ja heute seinen Ehrentag!« Da entdeckt er ihn hinter dem

Vorhang. Samuel wird ganz rot. Aber Grossvater nimmt ihn an der Hand und führt ihn auf den Ehrenplatz, ihm gegenüber an den grossen Tisch.
Dann nimmt der Grossvater den Becher Wein, hebt ihn hoch und spricht ein Tischgebet. Samuel ist ganz aufgeregt. Er weiss, wenn Grossvater den Becher zum zweiten Mal hebt und ihn segnet, dann ist sein grosser Augenblick gekommen. Samuel ist nämlich der Jüngste am Tisch. Er darf dann Grossvater vor der ganzen Familie fragen, warum sie Jahr für Jahr das hohe Passah-Fest feiern. Doch vorher bricht Grossvater noch das Brot in Stücke und teilt es aus. Alle essen davon. Samuel fragt dann endlich mit heller Stimme: »Warum feiern wir heute ein so grosses Fest?«
Feierlich nimmt Grossvater die Schriftrolle und erzählt die Geschichte von der wunderbaren Rettung seines Volkes durch Gott. Er erzählt die Geschichte der Israeliten, die vor vielen Jahren in Ägypten gefangen waren:
Pharao, der König Ägyptens wollte unsere Vorfahren, die Israeliten, nicht laufen lassen. Da beteten unsere Vorfahren zu Gott, und Gott schickte viele Plagen, um Pharao und seine Ägypter zu ängstigen. Jedoch das rührte sie nicht. Ein Engel kam zu unseren Vorfahren. Der sagte, sie sollten ein Lamm schlachten, zu Gott beten und es essen. Mit dem Blut sollten sie ihre Türpfosten anstreichen. Das taten alle unserer Vorfahren am Ostertage, als es dunkel wurde. Der Engel kam und strafte die Ägypter fürchterlich. An den Häusern unserer Vorfahren ging er vorbei. Noch in der Nacht liefen alle Israeliten zusammen und verliessen von Moses angeführt das Land. Pharao zog ihnen bald mit Soldaten nach. Aber Gott rettete unsere Vorfahren und damit unser ganzes Volk. Viele Soldaten des Pharao ertranken in den Fluten des Roten Meeres.
»Ja, Gott ist mächtig. Er hat sein Volk lieb. Darum hat er es gerettet, und nun dürfen wir hier wohnen«, sagt der Grossvater.
»Alleluja«, antworten die Gäste und essen von dem Lammfleisch. Danach hebt Grossvater den Segenskelch. Das erinnert an das letzte Passah-Fest in Ägypten. Alle Gäste trinken. Samuel hat gar nicht gemerkt, dass sie schon über drei Stunden feiern, so gut gefällt ihm das Passah-Fest. Nun ist er etwas traurig, dass Grossvater bereits das grosse Lob- und Danklied anstimmt.

Karl Heinz König

Aus: Hermine König: Das grosse Jahresbuch für Kinder, Kösel, München, Neuausgabe 2001

Gedicht

Sein Brot hat er gebrochen

Sein Brot hat er gebrochen
für jedermann, für dich und mich.
Er hat sich uns versprochen
in Brot und Wein an seinem Tisch.

Und wenn wir davon essen,
ob gross, ob klein, ob arm, ob reich,
wie könnten wir vergessen,
dass Gottes Liebe uns erreicht.

Wir alle sind Geschwister,
ob weiss, ob schwarz, ob gelb, ob rot,
und sollten immer wieder
gemeinsam teilen Freud und Not.

Karl Heinz König

Aus: Hermine König: Das grosse Jahresbuch für Kinder, Kösel, München, Neuausgabe 2001

Mein Heiland Jesu Christ/Mi Heiland Jesus Chrischt

Passt zum Abendmahl, aber auch zu jeder anderen Mahlzeit.

Schweizer Mundart

2. Willkommen bist du mir, denn ich gehör zu dir. Komm in mein Herz hinein, es soll dir Wohnung sein. Refrain: ...

3. Du bist so gut zu mir, ich danke dir dafür, für deine Lieb und Gnad, die ich erfahren hab. Refrain: ...

2. Willkomme bisch du mir, i ghöre gärn zu dir. Chumm i mis Härz itz dri, es söll di Wohnig si. Refrain: ...

3. Du bisch so guet zu mir, i danke dir derfür, für dini Hilf und Gnad, wo-n-i geng gschpüre cha. Refrain: ...

Text 1. Strophe: Hermann Bergmann

Melodie: Hartmut Wortmann; aus: Pfälzer Kindermesse, SU 330

Text 2. und 3. Strophe: leicht geänderte Fassung aus: Kolibri. Kik-Verlag, CH Berg am Irchel

Dein Angesicht suche ich
(Kunst-Foto-Collage, c/o Schweiz. Verlag für kirchl. Kunst, Belp)

Beim Betrachten Augen zusammenkneifen oder das Bild aus Distanz betrachten, so erscheint das Antlitz Christi.

Einführung

Kreuzigung
Am Karfreitag wurde Jesus durch den jüdischen hohen Rat verhört (Luk. 22,63-71), dem römischen Statthalter Pontius Pilatus überliefert (Luk. 23,1-5) und auf Verlangen der Volksmenge zum Tod am Kreuz verurteilt (Luk. 23,13-25).
Der Gekreuzigte wurde noch am selben Tag in ein Grab gelegt, da nach Sonnenuntergang der Sabbat begann, an welchem keine Arbeit mehr stattfinden durfte (Luk. 23,26-56).

Historisches

Die Kreuzigung war eine überaus schmerzvolle und grausame Todesstrafe, die nur bei Sklaven und Verbrechern angewandt wurde. Römische Bürger durften nicht gekreuzigt werden. Im römischen Strafvollzug wurden die Verurteilten zuerst gegeisselt (Joh. 19.1) und mussten dann ihr Kreuz (den Querbalken) selber zur Hinrichtungsstätte tragen (Joh. 19.7). Der Verurteilte wurde auf ebener Erde mit Nägeln durch die Handgelenke am Querbalken festgenagelt, was unerträgliche Schmerzen durch die verletzten Nerven verursachte. Anschliessend wurde er an einem gut 3 Meter hohen Pfahl (dem Längsbalken) hochgezogen, wo man ihm die übereinander gelegten Füsse festnagelte. Den Aufgehängten quälten Atemnot (Angstzustände), furchtbarer Durst, rasende Kopfschmerzen und heftiges Fieber. Der Todeskampf dauerte mehrere Stunden bis Tage.
Die Silbe »Kar« in Karfreitag kommt vom mittelalterlichen »kar/chara«, was Klage, Trauer bedeutet. Sie ist noch im schweizerischen »chääre« (= klagend betteln, streiten) enthalten. Nicht überall wird der Schwerpunkt auf diese Klage/Trauer gelegt. Im englischen Sprachraum nennt man den Karfreitag »good friday«, Ausdruck der Freude und Dankbarkeit, dass mit dem Tod Jesu alles wieder gut werden kann.
Jedoch überall handelt es sich – und das ist noch heute spürbar – um einen sehr stillen, ernsten Tag. An vielen Orten werden keine Glocken geläutet (bis zum Osternachtsgottesdienst); dann ist es auch äusserlich ruhig. Die Menschen können so das Leiden und Sterben Jesu ins Bewusstsein bringen.

Leitmotiv

Erdulden von Ungerechtigkeit, Spott, Schmerz, Gottverlassenheit.
Trotzdem gilt das Vertrauen und die Treue zu Gott bis in den Tod.

Sinnbild

Das Kreuz
Das Kreuz ist ein Bild in dem sich alles verbindet: oben und unten, links und rechts oder liegend die vier Himmelsrichtungen. Es erinnert an Christi Leiden und Sterben, versinnbildlicht aber zugleich dessen Erlösungstat für die ganze Menschheit und die Verbindung von oben mit unten (Himmel und Erde). Staunend, dankbar und voller Ehrfurcht stehen wir vor dem Kreuz, dessen Tiefe und Bedeutung wir wohl kaum je ausloten können.

Wir denken an die Worte von Jesus:
»Wenn jemand mit mir gehen will, verleugne er sich selbst und nehme sein Kreuz auf sich und folge mir nach.«
(Mt. 16,24)

Jahreszeiten-Tisch

Ein Bild mit einem Karfreitagsmotiv (Verurteilung, Kreuzweg, Kreuzigung, Grablegung) steht im Zentrum. Die wohl berühmteste Darstellung in der Kunst ist die Kreuzigungsszene von Matthias Grünewald, die er um 1513/15, am Isenheimer-Altar (Unterlindenmuseum, F-Colmar) geschaffen hat.
Mit biblischen Figuren können lebendig wirkende, eindrückliche und tief berührende Karfreitags-Szenen gestellt werden (Jesus vor dem hohen Rat oder vor Pontius Pilatus, der seine Hände in Unschuld wäscht; Jesus auf dem Kreuzweg mit einem Holzkreuz auf den Schultern und der begleitenden Menschenmenge; das verschlossene, von Soldaten bewachte Grab).
Manche bevorzugen eine schlichte, selbst geflochtene Dornenkrone (z. B. aus Berberitzen), vielleicht zusammen mit einem Osterlamm und einer brennenden Kerze.

Kreuzsteine
Beim Karfreitagsspaziergang, aber auch auf anderen Ausflügen in der Osterzeit können wir nach »Kreuzsteinen« (Steine, deren weisse Bänder ein Kreuz bilden) Ausschau halten. Diese Steine bereichern den Jahreszeiten-Tisch.

Karfreitagsbrot

Mit $^2/_3$ eines beliebigen Teiges formen wir einen runden, flachen Brotlaib. Aus dem restlichen Teig flechten wir dünne Zöpfe, welche in Kreuzform über das Brot und im Kreis um den Rand gelegt werden. Kleine Karfreitagsbrötchen nennt man Marter- oder Kreuzbrote (das Kreuz wird hier mit einem Messer eingeschnitten); sie werden mit Gewürzen und gedörrten Früchten bereichert und dienten früher als Schutz gegen Krankheit und Feuersbrunst, indem sie im Haus das ganze Jahr aufgehoben wurden.

Butterlamm

Butterlämmer kann man um die Osterzeit in Molkereien und bei Grossverteilern finden. Auf einer Unterlage in ein Moosbett gestellt, evtl. umrundet mit einer selbst geflochtenen Dornenkrone (aus Berberitzezweigen), wirkt das Lamm als stimmige österliche Dekoration und Speise.

Gestalten

um 160 % vergrössern

Kreuzmandala

Das Kreuz gehört mit Kreis und Dreieck zu den wichtigsten Symbolen und ist uralt. Mit ihm drücken wir aus, dass alles miteinander verbunden ist durch den göttlichen Mittelpunkt. Beim Selbergestalten oder Ausmalen von Kreuzmandalas wird dieser Sachverhalt erfahrbar.

Kreuz modellieren

Aus Ton oder Kinderknete lassen sich persönliche Kreuze gestalten und verzieren (Muster, Rosen und Pflanzenranken). Getrocknet oder gebrannt können sie als Ostererinnerung an einem besonderen Platz aufgehängt werden; in diesem Fall vor dem Trocknen ein Aufhängeloch bohren.

Kreuz schnitzen

Haselstöcke oder Zweige schneiden, Muster in die Rinde schnitzen, übers Kreuz zusammenbinden, aufhängen.

Wollgarn-Kreuz
Aus verschiedenfarbenen Garnreste lassen sich wunderschöne Kreuze wickeln. Vorgehen: Zwei gleich lange Holzstäbe (evtl. selbst geschnittene Äste) in der Mitte übereinander legen und festhalten; Wollfaden in der Mitte an einen der Stäbe binden und einmal rimgsum wickeln; zum nächsten Stab führen und auch einmal ringsum wickeln, dann zum nächsten Stab ... so weiter im Uhrzeigersinn. Die Fäden sollen schön nebeneinander zu liegen kommen. Nach einigen Runden die Farbe wechseln (dabei den alten und neuen Faden zusammenbinden). So lange weitermachen wie es gefällt: z. B. das Garn nur in der Mitte belassen oder ein ganzes Kreuz ausfüllen, je nach ästhetischem Empfinden.

Eier verzieren

Eier in verschiedenen Techniken zu verzieren ist altes Brauchtum (siehe Kapitel Fastenzeit bei den Sinnbildern). Eier, d. h. gekochte oder ausgeblasene, können während der ganzen Karwoche gefärbt und geschmückt werden. Der ruhige, besinnliche Karfreitag eignet sich jedoch besonders gut, denn diese Tätigkeit braucht Zeit und Geduld.

Mit Farben:
Geeignet sind Ölkreiden, Buntstifte, ungiftige Filzstifte oder Wasserfarben. Wir malen Frühlingsblumen, Osterszenen, Lämmlein, Häslein und andere Lieblingstiere, Sternzeichen, Kreuze, Muster, Ornamente usw. Der Fantasie sind dabei keine Grenzen gesetzt.

Mit Zwiebelschalen:
Zuerst werden die rohen Eier angefeuchtet und ringsum mit zarten Blättern (gefiederte sind besonders schön) und kleinen Blumen beklebt. Anschliessend wird sorgfältig ein Stück Nylon-Strumpf oder anderer lockerer Stoff (z. B. Gaze) straff um das Ei gelegt und mit einem Faden an der Spitze des Eis zusammengebunden. Die Eier werden nun ca. 10 Min. in einem heissen Zwiebelschalensud (viel Zwiebelschalen

knapp mit Wasser bedecken und vorher aufkochen) gekocht und anschliessend im kaltem Wasser abgeschreckt. Nach dem Aufschneiden der Gaze/des Strumpfes sind die Pflanzenmuster leuchtend gelb, der Hintergrund braun. Um die Eier schön glänzend zu machen, können sie mit Speiseöl eingerieben werden.

Andere Verzierungsvarianten:
Eier können beklebt (mit Pailletten, Bändern, Papierschnipseln, Folie, Stoffen ...), aber auch geritzt (mit einer starken Ledernadel) und geätzt (mit einem in Zitronensaft getauchten Zahnstocher) werden, wenn sie vorab eine Färbung erhielten; z. B. mit Blauholz, Rotholz oder Zwiebelschalen. Eine einfache Technik stellt das Betropfen mit verschiedenfarbenen brennenden Kerzen dar; man kann auch mit einer weissen Kerze oder Weissleim Ornamente auf das Ei zeichnen und dieses nach dem Trocknen mit Wasserfarben übermalen, was interessante batikartige Effekte ergibt. Ganz besonders kunstvoll wirken Eier, welche man mit einer dünnen Schicht Modellierwachs überzieht und anschliessend kleine bunte Glasperlen hineindrückt; diese Technik braucht viel Geduld und geschickte Hände.

Eier ausblasen

- Mit einer spitzen Sticknadel das Ei oben und unten vorsichtig durchstechen.

- Mit feinem Kreuzschlitz-Schraubenzieher oder spitzem Küchenmesser die Löcher sorgfältig durch Drehen vergrössern.

- Eigelb mit Zahnstocher behutsam aufrühren, um das Ausblasen zu erleichtern.

- Von Mund oder mit einer Ohrenspritze (Apotheke) ausblasen.

- Ei mehrmals mit Wasser ausspülen: füllen, schütteln, ausblasen; so lange wiederholen, bis das Wasser klar herausrinnt.

- Die Eischale aussen mit Essigwasser abspülen.

Tipp: Zum Verzieren kann man das Ei auf einer dünnen Stricknadel zwischen je einem Stück Weinkorken (ca. 1/2 cm breit) befestigen und die Nadel samt Ei auf eine Dessertschale auflegen; evtl. mit Blumenkitt am Gefässrand befestigen. So kann das Ei mühelos gedreht und ohne zu zerbrechen dekoriert werden.
Bei ausgeblasenen Eiern dürfen alle Farben (auch giftige) verwendet werden. Eine einfache Technik ist das Bekleben der nassen Eier mit farbigen Schnipseln aus Seiden- oder Krepp-Papier. Die Farbe überträgt sich auf das Ei. Papier nach dem Trocknen wieder entfernen.
Aufhängen: Den Faden an einem kurzen Stück Draht oder Holz (ca. 1 cm breit) festknoten; ins Ei-Loch schieben und schütteln, bis sich das Drahtstück quergestellt und verkeilt hat. Jetzt kann das Ei am Faden hängen.
Die Eier können auch auf hölzerne Bratspiesschen gesteckt werden und als österliche Zierde in Blumensträusse oder Palmbuschen gebunden werden.

Vorlesen/Erzählen

Karfreitagsgeschichte aus einer Kinder- oder Bilderbibel.

Höllenfahrt Christi
(rumänisch-byzantinisch, Ikone)

Ich bin der Weg, die Wahrheit und das Leben; niemand kommt zum Vater, ausser durch mich.

(Joh. 14,6)

Einführung

Höllenfahrt Christi – Abstieg ins Reich der Toten

Am Ostersamstag gedenken wir der Höllenfahrt Christi, die in den alten katholischen Ostergesängen zelebriert wird. Sie ist uns ebenfalls bekannt aus dem Apostolicum, einem Glaubensbekenntnis, dessen Wurzeln auf den Anfang des 2. Jahrhunderts nach Christus zurückgehen. Da heisst es von Jesus: »... gekreuzigt, gestorben, begraben, niedergefahren zur Hölle, am dritten Tage auferstanden von den Toten ...«
An diesem bedeutsamen Tag geht es um die Erfüllung der alttestamentlich prophezeiten Erlösung/Befreiung, den Friedensschluss zwischen oben und unten, zwischen Himmel und Erde.
»Und er (Christus) ist das Ebenbild des unsichtbaren Gottes, der Erstgeborene der ganzen Schöpfung; denn durch ihn ist alles, was in den Himmeln und auf Erden ist, erschaffen worden, das Sichtbare und das Unsichtbare, seien es Throne oder Hoheiten oder Gewalten oder Mächte. ... Denn in ihm beschloss er (Gott) die ganze Fülle wohnen zu lassen und durch ihn alles mit sich selbst zu versöhnen, ..., sei es was auf Erden, sei es, was in den Himmeln ist.«
(Kol. 1,15-19)
Offensichtlich ist dieser Versöhnung eine Trennung vorausgegangen, die eine Erlösung (und die Jahrtausende lange Ankündigung eines Erlösers) erst notwendig machte; daraufhin deuten die Jesusworte: »Ich (Jesus) bin von oben her, ihr aber seid von unten her.« (Joh. 8,33) Infolge dieses kosmischen Urdramas oder »Kriegs im Himmel« (Mythen und religiöse Überlieferungen verschiedenster Religionen erzählen davon) kam es zur Entstehung der Widersachermächte (vgl. Offb. 12,3-10) und die Bindung der Gefallenen an den Teufel, genannt Tod.
»Gott hat die vernunftbegabten Geschöpfe zur Unvergänglichkeit geschaffen und zum Abbild seines eigensten Wesens gemacht. Aber durch den Neid des Teufels kam der Tod in die Welt, und es erleben ihn alle, die jenem angehören.« (AT, Buch der Weisheit 2,23 ff) Mit »Tod« meint die Bibel auch die Trennung von Gott und ihren Urheber, den Teufel selbst; mit »Leben« deutet sie die Verbundenheit mit Gott an.
»Der Weg des Lebens führt den Verständigen aufwärts, damit er fern bleibe vom Totenreiche drunten.« (Spr. 15,24)
Von dieser Ursünde der Trennung von Gott und der daraus folgenden Bindung an den »Tod« und das »Totenreich« befreite Jesus die Menschheit.

Vergleiche dazu im Neuen Testament: »Da nun die Kinder an Fleisch und Blut Anteil bekommen haben[1)], hat in ähnlicher Weise auch er eben daran teilgenommen, damit er durch den Tod den zunichte machte, der die Macht über den Tod hat, das heisst: den Teufel und alle die befreite, die durch Furcht vor dem Tod ihr ganzes Leben lang einer Knechtschaft verfallen waren.« (Hebr. 2,14-15)

1) d. h. sterblich wurden

Historisches

Hölle/Totenreich

Die Hölle oder das Totenreich war im Weltbild der biblischen Menschen der Bereich des Teufels (in oder auf der Erde) mit

seinen gefallenen Engeln (vgl. Offb. 12, 3-10) und den verstorbenen Menschen. Die Juden unterschieden noch zwischen hebr. sche'ol = Vorhölle (der Ort des »Wartestandes« der vor dem Kommen Christi Verstorbener, insbesondere der Gläubigen des alten Bundes, die von Adam an auf die endgültige Erlösung warteten) und hebr. ge'enna als Hölle im Sinn absoluter Gottferne und Wohnsitz des Fürsten der Finsternis. Der Mensch der Antike (z. B. Juden zur Zeit des Alten Testaments, aber auch Griechen, Ägypter usw.) war der Überzeugung, dass er nach dem irdischen Tod in dieses Totenreich oder die Unterwelt (den Hades) hinübergehe (siehe z. B. Jesaja 5,14).
»Schafen gleich sinken sie zur Unterwelt, der Tod weidet sie; geraden Wegs fahren sie zu Grabe. Ihre Gestalt zerfällt, die Unterwelt wird ihre Wohnung. Doch loskaufen kann sich keiner, keiner kann Gott das Lösegeld für sich bezahlen – zu teuer ist der Kaufpreis für ihr Leben.« (Ps. 49,15 und 8)

Und als Ergänzung dazu im Neuen Testament:
»... denn auch der Sohn des Menschen ist nicht gekommen, damit ihm gedient werde, sondern damit er diene und sein Leben gebe als Lösegeld für viele.« (Mk. 10,45) Weiters: »Denn es ist ein Gott und es ist auch ein Mittler zwischen Gott und den Menschen, der Mensch Christus Jesus, der sich selbst als Lösegeld für alle gegeben hat.«
(1. Tim. 2,5)
Nach der Aussage des Neuen Testaments sei erst mit Christi Höllenfahrt dieser »Tod« (hier Sinnbild für den Teufel) überwunden, der »Fürst dieser Welt« gerichtet (Joh. 16,11), das Tor des Himmelreichs wieder aufgetan; dadurch seien die »Gefangenen« (die Verstorbenen/die rückkehrwilligen, gefallenen Engel) aus dem Totenreich befreit worden. Das war die Erlösung.
Vgl.: »... hat Gott Engel, die gesündigt hatten, nicht verschont, sondern sie in finstere Höhlen der Unterwelt hinabgestossen ...« (2. Petrus 2,4) »... hat er Engel, die ihre Würde nicht bewahrten, sondern ihre eigene Wohnung verliessen, ... mit ewigen Fesseln unten in der Finsternis verwahrt, ...« (Judas 1,6)
»Und euch, die ihr tot wart durch die Übertretung eurer Sünden, in denen ihr einst wandeltet gemäss dem Aeon (gemeint ist hier Luzifer; Komm. Zürcherbibel) dieser Welt, ... durch Gnade seid ihr gerettet und auferweckt und ist euch Sitz gegeben in der Himmelswelt durch Jesus Christus.« (Eph. 2,1-7) Vgl. dazu auch Kol. 2,13-15.
»... nachdem er in den Himmel gefahren ist und ihm die Engel und Mächte und Kräfte (= Dämonen) unterworfen sind.« (1. Petrus 3,22)

Von der zukünftigen Befreiung der »Gefangenen« aus dem Joch des »Treibers« weiss schon das Alte Testament zu berichten:
»Der Geist Gottes des Herrn ruht auf mir (gemeint ist der Erlöser), dieweil mich der Herr gesalbt hat; er hat mich gesandt, den Elenden frohe Botschaft zu bringen, zu heilen, die gebrochenen Herzens sind, den Gefangenen Befreiung zu verkünden und den Gebundenen Lösung der Bande ...« (Jesaja 61,1)
»Das Volk, das in Finsternis wandelt, sieht ein grosses Licht; die im Lande des Schattens wohnen, über ihnen strahlt ein Licht auf. ... Denn das Joch, das auf ihm lastet, den Stab auf seiner Schulter und den Stock seines Treibers zerbrichst du ... (Jesaja 9,2-4)

Dazu sagt das Neue Testament:
»Denn auch Christus ist einmal der

Sünden wegen gestorben als Gerechter für Ungerechte, damit er uns Gott zuführte, indem er getötet wurde nach dem Fleisch aber lebendig gemacht wurde nach dem Geist. In diesem ist er hingegangen und hat den Geistern im Gefängnis (gemeint ist die Unterwelt) gepredigt, die vorzeiten ungehorsam waren, ...« und »..., denn dazu wurde auch den Toten das Evangelium verkündet.« (1. Petr. 3,19 und 4,6)
»Er ist in die Höhe hinaufgestiegen und hat Gefangene weggeführt, ... was bedeutet das anderes, als dass er (vorher) auch hinabgestiegen ist in die Gebiete unter der Erde (gemeint ist die Unterwelt)? Er ist es, der hinabgestiegen und über alle Himmel hinaufgestiegen ist, um alles zu erfüllen.« (Eph. 4,8-10)

In den ersten christlichen Jahrhunderten und in der Ostkirche bis heute wurde die Höllenfahrt Christi und damit das Wiedergewinnen eines »Sitzes in der Himmelswelt« als das zentrale Osterereignis angesehen. Zur Höllenfahrt Christi gibt es viele aussagekräftige Darstellungen, vor allem in der byzantinischen Kunst. Meist zeigen sie Christus mit seinem Siegeskreuz in der Hand auf den abgebrochenen Toren der Hölle und dem überwältigten Teufel/Tod stehend und den vor der Erlösungstat Verstorbenen die Hand zum Aufstieg in den Himmel reichend. (Mosaiken: Kloster Daphni bei Athen, Hosios Lukas bei Delphi u. v. a. m.) In der Ostkirche wird diese Szene regelmässig als Anastasis = Aufstieg (aus der Hölle)/Auferstehung bezeichnet und stellt die eigentliche Erlösung dar. Auf ihren Festikonen ist keine andere Auferstehung bekannt. Die Auferweckung aus dem Grab, bzw. das Erscheinen Jesu war ausserdem der sichtbare Beweis seines Weiterlebens für seine JüngerInnen und das Versprechen an die Menschheit, dass sie, wie Christus, nach dem Tod in himmlischen Regionen weiterleben werde. Der frühchristliche Mensch empfand sich demnach als ein in der Entwicklung (zurück zu Gott) begriffenes, geistiges Wesen, das in einen Körper inkarniert war. Mit der Verdammung des berühmten, frühchristlichen Lehrers und Kirchenvaters Origenes ist die ursprüngliche Auffassung über die Bedeutung der Auferstehung und Erlösung nach und nach in den Hintergrund getreten. Die Vorstellung beinhaltet nämlich, dass die Menschen infolge ihres Falls aus der göttlichen Einheit sterblich, d. h. menschlich wurden und dadurch an die Erde und insbesondere ans Totenreich gebunden wurden. Nur durch Jesus Christus konnten die Menschen von dieser gesetzmässigen Bindung erlöst werden, sodass alle Gefallenen einst wieder

Höllenfahrt/Auferstehung
(Kloster Daphni, Griechenland)

ins Himmelreich zurückkehren können. Es gebe deshalb auch keine ewige Verdammnis (vgl. Herbstband S. 57/58). »Wer behauptet oder glaubt, der Herr Jesus Christus habe eine neue Weltzeit eingeleitet und sei sowohl für die Menschheit wie auch für die Dämonen (des Totenreiches) am Kreuz gestorben – den treffe der Bannfluch.« (zitiert aus: Robert Sträuli, Origenes der Diamantene. ABZ Verlag CH-Zürich 1987, S. 335) Alte Kirchenliedertexte zeugen noch von dieser ursprünglichen Auffassung: »Jakobs Stern ist aufgegangen, stillt das sehnliche Verlangen, bricht den Kopf der alten Schlangen und zerstört der Hölle Reich. Unser Kerker, da wir sassen und mit Sorgen ohne Massen uns das Herze selbst abfrassen, ist entzwei und wir sind frei!« (Neues evangelisches Kirchengesangsbuch Nr. 403)
Die Befreiung der Toten durch Christus aus der Vorhölle war den Christen nicht nur Vorbild für die Notwendigkeit, sich selbst aus der Knechtschaft der Sünde zu lösen, sondern seit dem 4. Jh. wurden zur Osterzeit auch andere, Gefangene und Sklaven, freigelassen.

Teufel und Hölle heute

Der feinste und verführerischste Trick des Teufels ist der, dich davon zu überzeugen, dass es ihn nicht gibt.

Charles Baudelaire

Mit der Vorstellung eines Totenreiches/einer Hölle können viele Menschen heute nichts mehr anfangen. Wie schon die Existenz eines Himmels mit Engeln in Zweifel gezogen wird, so verweist man eine Hölle mit Dämonen definitiv in den Bereich der Märchen. Man neigt dazu, die beschriebenen Ereignisse rein psychologisch zu deuten (auf innerseelische Vorgänge bezogen: Erlösung dunkler, abgespaltener Persönlichkeitsteile) oder im Zusammenhang mit dem Erleben des Naturkreislaufs zu sehen (Leben, das aus Verfaultem/Totem stets neu ersteht), ohne dabei die geistige Realität der übersinnlichen Welten anzuerkennen. Sensitive Menschen hatten jedoch zu allen Zeiten Zugang zu diesen jenseitigen Dimensionen. Die ersten Christen waren sogar der Überzeugung, dass man »die ganze Waffenrüstung Gottes« anziehen müsse, um »den listigen Anschlägen des Teufels« standhalten zu können: »Denn unser Ringkampf geht nicht wider Fleisch und Blut, sondern wider die Gewalten, wider die Mächte, wider die Beherrscher dieser Welt der Finsternis, wider die Geisterwesen der Bosheit in den himmlischen (gemeint sind jenseitige) Regionen« (Eph. 6,10-12), welche die Menschen zum Bösen/Lebensfeindlichen beeinflussen.

Im Alten Testament waren es die Propheten (mit der guten Seite) und die Totenbeschwörer/Götzendiener (mit der dunklen Seite), dann in höchstem Masse Jesus, die Apostel, ganz besonders Paulus, und – als herausragende Beispiele unter vielen – im Mittelalter die berühmte Seherin Hildegard von Bingen oder im 19. Jh. die stigmatisierte Anna Katharina Emmerich. Letztere hat mit ihren Visionen über das Leben und Leiden Christi viele präzise Schilderungen gegeben. Es stimmt nachdenklich, dass auch sie die Höllenfahrt Jesu schaute und beschrieb (vgl. Literaturhinweis im Kapitel Palmsonntag).

Ob man an eine reale Hölle/die Existenz der Widersachermächte glauben will oder nicht – deren Auswirkungen sind in der menschlichen Geschichte nicht zu übersehen. Man denke z. B. an die Taten Hitlers (der Satanskult betrieb;

vgl. dazu: Trevor Ravenscroft: Der Speer des Schicksals. Edition Sven Erik Bergh im Ingse Verlag, CH-Zug 1974) und alle anderen ungerechten, grausamen und lebensfeindlichen Bestrebungen in der Geschichte der Politik.

Heute stehen wir an einer Wende. Viele Menschen suchen nach einer neuen Spiritualität. Es ist eine deutliche Öffnung für die übersinnlichen Dimensionen spürbar – und sie schlägt wie immer nach der lichten und dunklen Seite hin aus. (Eine Tageszeitung berichtete, in Polen z. B. sollen sich ca. 20’000 junge Menschen zum Satanskult bekennen, schwarze Messen feiern und dem Teufel Tiere opfern, manchmal sogar Menschen. Vgl. »Bund«, April 2000)
Der Schweizer Physiker und Parapsychologe Alex Schneider ist überzeugt, dass bereits jeder vierte Westeuropäer schon einmal mit den »anderen Welt« auf Tuchfühlung gewesen sei.

Jahreszeiten-Tisch

Mit Bildern oder biblischen Figuren, hellen und dunklen Tüchern kann auch die Höllenfahrtszene eindrücklich vor Augen geführt werden: Das Licht erlöst und erhellt die Dunkelheit!

Osterkörbe

Der Ostersamstag ist der Tag, an welchem die Vorfreude der Kinder ihren Höhepunkt erreicht: Jetzt dürfen sie ihre Osterkörbe mit Moos, grünen Zweigen, Efeu und farbigen Bändern schmücken und für den Osterhasen bereitstellen. In der Nacht werden die Osterkörbe mit Süssigkeiten und Eiern gefüllt und für die Kinder zum Suchen versteckt.

Christus-Gärtlein

Für den Ostertisch können wir ein Christus-Gärtlein herrichten. Es entspricht sinnbildlich dem siebenarmigen Osterbaum (siehe Kapitel Fastenzeit, S. 23). Wir benötigen eine grosse Tonschale und sechs kleine. In die grosse Schale wird eine grosse Kerze festgeklebt (mit Blumen- oder Kerzenkitt), in die kleinen sechs je eine kleine Kerze. Anschliessend füllen wir die Schalen mit selbst gesammeltem Moos, begiessen sie mit Wasser und bestecken sie reichlich mit frischen Garten- und Waldblumen.
Die Kerze in der Mitte steht für Christus, die kleinen Kerzen ringsherum für die sechs Erzengel. Es sind also insgesamt sieben Lichter, welche sich als Zahl einer Ureinheit auch in den sieben Wochentagen, den sieben Tönen einer Oktave und den Farben des Regenbogens finden: Weiss in der Mitte plus sechs Grundfarben, die daraus entstehen.
Am Ostermorgen werden die Kerzen auf dem Ostertisch feierlich entzündet.
Wir wollen damit ausdrücken, dass durch Christi Erlösungstat die Schöpfung wieder zu ihrer ursprünglichen Ganzheit zurückfinden kann, dass letztlich alles Böse aufersteht, verwandelt und geheilt wird und wieder seinen »Sitz in der Himmelswelt« erlangt.

Engel am Grabe
(Giotto)

Einführung

Auferstehung
Am Ostersonntag feiern wir die Auferstehung Christi. Es ist der Tag, an dem die Jüngerinnen Christi bei Sonnenaufgang das leere Grab entdeckten, als sie kamen, um den Leichnam Jesu einzubalsamieren, weil am Sabbat/Samstag nicht gearbeitet werden dufte. Ein Engel teilte ihnen mit:
»Erschreckt nicht! Ihr sucht Jesus von Nazareth, den Gekreuzigten; er ist auferweckt worden, er ist nicht hier; siehe da den Ort, wo sie ihn hingelegt haben. Aber geht hin, sagt seinen Jüngern und dem Petrus: Er geht euch voran nach Galiläa; dort werdet ihr ihn (Jesus) sehen, wie er euch gesagt hat.« (Mk. 16,1-8)

Dieser erste Tag der Woche nach dem Sabbat wurde im Christentum zum Sonntag, in Erinnerung an den auferstandenen Herrn (im Neuen Testament »Herrentag« genannt).

Die Auferstehungsgeschichte findet sich in allen vier Evangelien, in den Apostelbriefen und in der Apostelgeschichte wieder. Als Petrus und Johannes dem Volk von der Auferstehung Jesu erzählten, wurden sie gefangen genommen und man wollte ihnen das Predigen verbieten. Sie aber wehrten sich: »Es ist uns unmöglich von dem nicht zu reden, was wir gesehen und gehört haben!« (Apg. 4,1-20). Es liegt deshalb nahe, dass es sich um historische Berichte handelt. Es existiert auch die These, Paulus und andere seien von griechischen Auferweckungsmythen beeinflusst gewesen. Paulus aber war in erster Linie Jude. Auch die neuen Qumranfunde (Texte des Spätjudentums, welche in Höhlen am Toten Meer entdeckt wurden), die vor den Evangelien entstanden und den paulinischen Äusserungen nahe stehen (man erwartete einen Messias, der Gefangene frei lässt, Kranke heilt, Tote auferweckt ...) sprechen für die Authentizität der Auferstehungsgeschichte.

Historisches

Ostern – Passah
Ostern ist das älteste und bedeutungsvollste Fest der Christenheit. Es wird zur gleichen Zeit gefeiert wie das jüdische Passah-Fest. Dieses Fest begehen die Juden in Erinnerung an den Auszug aus Ägypten und an die Befreiung aus der Knechtschaft der ägyptischen Herrscher. (Betreffend Parallelen Passah – Ostern siehe Kapitel Gründonnerstag und Kapitel Pfingsten im Sommerband dieser Reihe, S. 22.)

Osterdatum
Ostern ist ein bewegliches Fest. Seit 325 n. Chr. fällt das Osterdatum jeweils auf den ersten Sonntag nach dem ersten Frühlings-Vollmond (frühester Termin: 22. März; spätester Termin: 25. April). Die Sonne hat den Frühlingspunkt überschritten, die Tage werden länger als die Nächte, und das Nachtgestirn, der Mond, »muss« abnehmen. In dieser Naturerscheinung spiegelt sich der Sieg des Lichtes Christi über die Dunkelheit. Passende Geschichte im Kapitel Frühlingsanfang, »Eine Ostergeschichte von Sonne und Mond«.

Ostername
Im Namen Ostern verstecken sich die Bezeichnungen Osten (die Himmelsrichtung der aufgehenden Sonne) und Aurora, die Morgenröte (althochdeutsch: istarun). Die personifizierte Morgenröte begegnet uns in der germanischen

Lichtgöttin Ostara/Eostrae, jene heilbringende und hoffnungsvolle Erscheinung, die den neuen Frühling ankündigt (aus der Mythologie bekannt als Lichtträgerin Lucia, Frau Holle/Freya/Berta). In der jüdischen Überlieferung tritt der Heilengel Raphael auf, der den Kranken in den frühen Morgenstunden Heilung bringen soll, aber auch an Maria erinnert, die das Licht und die Hoffnung für die Welt geboren hat.
Die Bezeichnungen Pâques (franz.), Pasqua (ital.) usw. stammen vom hebräischen Passah ab; es bedeutet Durchgang/Vorübergang, nämlich des Todesengels, der die ägyptische Erstgeburt geschlagen, die Israeliten jedoch verschont hatte (eine der vielen Plagen, mit der Moses im Namen des Herrn beim Pharao die Ausreise-Erlaubnis aus Ägypten erzwang) oder den freien Durchgang durch das Rote Meer, in dem die ägyptischen Verfolger ertranken.

Leitmotiv

Suchen und finden

Im Suchen der Ostereier ist ein zentrales menschliches Lebensthema angesprochen. Es gipfelt in der scheinbar banalen, aber lebenswichtigen Erkenntnis: »Suchet, und so werdet ihr finden«, wie es Jesus selbst ausgedrückt hat und wie es schon bei Hosea 6,3 anklingt: »Sobald wir ihn (den Herrn) suchen, werden wir ihn finden«, das bedeutet, was wir nicht suchen, finden wir auch nicht. Wir müssen zumindest eine Ahnung von dem haben, was wir suchen wollen. Wo wir unsere Aufmerksamkeit nicht hinlenken (mangels Interesse, Wissen oder aus innerer Abwehr) können wir nichts finden. Suchen bedeutet deshalb auch eine Willensanstrengung. Wir müssen uns auf den Weg machen, Fragen stellen, über das Sichtbare hinausgehen. Etwas Gesuchtes liegt ja nicht offensichtlich da, sondern ist verborgen.
Das Motiv des Suchens taucht in der Ostergeschichte mehrmals auf. Kurz vor seinem Abschied sagt Jesus: »Kinder, noch eine kurze Zeit bin ich bei euch. Ihr werdet mich suchen.« (Joh. 13,33) Die Engel am leeren Grab sprechen zu den Frauen: »Was suchet ihr den Lebendigen bei den Toten?« (Luk. 24,5) Der auferstandene Jesus fragt Maria aus Magdala: »Wen suchst du?« (Joh. 20,15)

Wer vom Ziel nicht weiss

Wer vom Ziel nicht weiss,
kann den Weg nicht haben,
wird im selben Kreis
all sein Leben tragen;
kommt am Ende hin,
wo er hergerückt,
hat der Menge Sinn
nur noch mehr zerstückt.

Wer vom Ziel nichts kennt,
kann's doch heut erfahren;
wenn es ihn nur brennt
nach dem Göttlich-Wahren;
wenn in Eitelkeit
er nicht ganz versunken
und vom Wein der Zeit
nicht bis oben trunken.

Denn zu fragen ist
nach den stillen Dingen,
und zu wagen ist
will man Licht erringen;
wer nicht suchen kann,
wie nur je ein Freier,
bleibt im Trugesbann
siebenfacher Schleier.

Christian Morgenstern

Sinnbild

Das leere Grab
Das leere Grab ist ein Sinnbild für die Überwindung des Todes (des Totenreichs/der Unterwelt/der Hölle/des Bösen/des Abfalls/der Gottferne). Es weist den Menschen auf die Auferstehung vom Tode hin, womit nicht nur das Weiterleben als solches zu verstehen ist, sondern zugleich das Erbrecht auf den Himmel, der seit Christi Auferstehung/Erlösung jedem Menschen wieder offensteht. »... zu einem unvergänglichen und unbefleckten und unverwelklichen Erbe, das in den Himmeln aufbehalten wird für euch, ...« (1. Petrus 1,4)

»Solange der Erbe unmündig ist, unterscheidet er sich in nichts von einem Sklaven, obgleich er Herr von allem ist, sondern er steht unter Vormündern und Haushaltern bis zu der vom Vater vorbestimmten Zeit. So waren auch wir, als wir unmündig waren, den Naturmächten der Welt (= Engel/Dämonen, die den Menschen an der Erlangung des Heils hindern wollen; Komm. Zürcherbibel 44 u. 45) wie Sklaven unterworfen. Als aber die Zeit der Erfüllung gekommen war, sandte Gott seinen Sohn, von einem Weibe geboren, dem Gesetz unterworfen, damit er die dem Gesetz Unterworfenen loskaufte, auf dass wir die Annahme an Sohnes statt erlangten. Weil ihr aber Söhne seid, hat Gott den Geist seines Sohnes in unsre Herzen gesandt, der da ruft: Abba, Vater! Somit bist du nicht mehr Sklave, sondern Sohn; wenn aber Sohn, dann auch Erbe durch Gott.« (Gal. 4,1-7)

Auf eine überraschend stimmige und berührend poetische Art klingt diese Auferstehung/Erlösung schon im Alten Testament an:

»Kommet, lasset uns umkehren zu dem Herrn; denn er hat zerrissen, er wird uns heilen; er hat geschlagen, er wird uns verbinden. Nach zwei Tagen wird er uns neu beleben, am dritten Tage uns wieder aufrichten, dass wir leben vor ihm. Lasst uns streben, mit Eifer streben nach Erkenntnis des Herrn! Sobald wir ihn suchen, werden wir ihn finden, und er wird zu uns kommen wie der Regen, wie der Frühjahrsregen, der die Erde erquickt.« (Hosea 6,1-3)

In diesen hoffnungsvollen Bildern sind nahezu alle Ostermotive enthalten: Die Urtrennung von Gott, die Hoffnung auf Heilung und Erlösung aus der Gottferne, das neue Leben durch Jesus Christus, des Herrn, am dritten Tag (vgl. apostolisches Glaubensbekenntnis im Kapitel Ostersamstag), das Motiv des Suchens, Christus als das lebendige Wasser, das die Erde erquickt – ja sogar die Jahreszeit, denn der Regen wird in der dichterischen Wiederholung noch genauer definiert als Frühjahrsregen.

Die Auferstehung – ein Weg

»Denn die Sehnsucht des Geschaffenen wartet auf das Offenbarwerden (der Herrlichkeit) der Söhne Gottes (gemeint sind wir als Kinder Gottes; Komm. Zürcherbibel). ... Denn wir wissen, dass alles Geschaffene insgesamt seufzt und sich schmerzlich ängstigt bis jetzt.« (Röm. 8,19 und 22)
Für die Christen hat sich die alttestamentliche Messiashoffnung mit Leben, Tod und Auferstehung Christi erfüllt, wenn auch nicht das Erreichen des endgültigen Heilsziels. Die Auferstehung Jesu und sein Weiterleben beim Vater sind Zeichen der bevorstehenden Auferstehung jedes Menschen.

Insofern bedeutet die Erlösung den Anbruch und nicht die Vollendung von Gottes Reich. Den Weg zu dieser Vollendung muss jeder Mensch selber beschreiten. Der bekannte frühchristliche Lehrer und Kirchenvater Origenes schreibt über diese Auferstehung ins Leben: »Sie muss man sich daher nicht als ein plötzliches Geschehen vorstellen, sondern als ein allmähliches, stufenweise im Lauf von unzähligen und unendlich langen Zeiträumen sich vollziehendes, wobei der Besserungsprozess langsam einen nach dem andern erfasst; einige eilen voraus und streben rascher zur Höhe, andere weit hinten, und so gibt es zahllose Stufen von Fortschreitenden, die aus der Feindschaft zur Versöhnung mit Gott kommen.« (P.a. III 6,6) Für Origenes (und andere Kirchenlehrer wie Justinus, Klemens v. A., Gregor v. N., Hieronymus, u. v. m.) ist es deshalb eine notwendige Tatsache, dass der Mensch auf diesem Auferstehungsweg mehr als ein Erdenleben benötigt. Die Ursachen für die verschiedenen Schicksale und unterschiedlichen Geisteshaltungen der einzelnen Menschen gründen für ihn in der vorgeburtlichen Existenz und in den Entwicklungsstufen auf dem jeweiligen Auferstehungsweg. Der Gedanke der Wiedergeburt ist auch im Neuen Testament nicht unbekannt. Jesus fragt seine Jünger: »Für wen halten die Leute den Sohn des Menschen? Da sagten sie: Etliche für Johannes den Täufer, andere für Elia, noch andere für Jeremia oder einen der Propheten.«

Jesus widerlegt die Anschauung seiner Jünger bezüglich Reinkarnation nicht, sondern führt das Gespräch sogar auf dieser Ebene weiter, indem er die Jünger fragt: »Ihr aber, für wen haltet ihr mich?« (Mt. 16,13-16) Jesus selber bezeichnet Johannes den Täufer als den wiedergekommenen Propheten Elia (Mt. 11,13-15 und 17,10-13). Wie selbstverständlich gehen die Jünger von einer Versündigungsmöglichkeit in einem Vorleben aus. Vgl. dazu Joh. 9,2.

Der Glaube an wiederholte Lebensläufe war Allgemeingut der Kirchenväter und wurde den Eingeweihten seit je als alte Tradition überliefert. Erst mit dem Konzilsbeschluss von Konstantinopel 553 (durch Kaiser Justinian) wurde eine vorgeburtliche Existenz mittels Bannfluch »verboten«. Die Wiederverkörperungslehre verschwand damit freilich nicht. Unzählige eigenständige Denker, Dichter und Philosophen haben sich zu ihr bis in die Gegenwart bekannt. Nach neuesten Umfragen soll bereits jeder vierte Westeuropäer und Nordamerikaner an Reinkarnation glauben. Der Reinkarnationsgedanke steht demnach nicht als östlich importiertes Element (wie in manchen christlichen Kreisen dargelegt) im Widerspruch zur christlichen Auferstehungshoffnung, sondern hat auch Wurzeln innerhalb der jüdisch-christlichen Überlieferung. »Wir sind nun allezeit getrost und wissen, dass während wir im Leibe daheim sind, fern von dem Herrn auf Wanderung ... haben (wir) vielmehr Lust auszuwandern aus dem Leibe und daheim zu sein beim Vater. Daher befleissigen wir uns auch, mögen wir daheim sein oder auf der Wanderung, ihm wohlgefällig zu sein.« (2. Kor 5,6-9)

Ob man eine Wiedergeburt für möglich hält oder nicht – es besteht kein Zweifel daran, dass Gott gerechte Wege finden wird, letztlich jedes Herz zu gewinnen (und zwar aus einer freien Willensentscheidung heraus), »dass alle Menschen gerettet werden und zur Erkenntnis der Wahrheit kommen.« (1. Tim. 2,4), nämlich zur Wahrheit ihres göttlichen Wesenskerns. Vgl. dazu Hebr. 2,10 und 1. Kor. 3,8-15.

Literaturhinweise:
- Trutz Hardo: Wiedergeburt, die Beweise. Verlag Peter Erd, München 1998
- Raymond A. Moody: Leben vor dem Leben. Rowohlt, Reinbek 1990
- K. O. Schmidt: Das abendländische Totenbuch. Drei Eichen Verlag, Ergolding 1993

Jahreszeiten-Tisch

Ein farbenfroher Frühlingsstrauss, die brennende Osterkerze und das Ostergrün (gekeimte Samen oder Getreide) mit den am schönsten verzierten Eiern finden sicher einen Ehrenplatz auf dem Jahreszeiten-Tisch.
Biblische Figuren: Hier passt die Szene der Frauen und des Engels am offenen Grab (mit grauem Tuch eingehüllte Kartonschachtel; grosser weggerollter Stein daneben) oder Maria aus Magdala, welche den Auferstandenen erkennt. Jesus kann mit einem weissen Gaze- oder Chiffontuch umhüllt und so als »Auferstandener« abgehoben werden.

Esstisch

Der Tisch ist festlich gedeckt. Auf das Tischtuch können wir mit etwa 20 cm breiten Stoffbändern in einer passenden Farbe ein Kreuz über den ganzen Tisch legen. In der Mitte steht das Christus-Gärtlein (Beschreibung im Kapitel Ostersamstag). Ausserdem eignen sich die Eier tragenden Ostertiere als Tischdekoration (siehe Kapitel Fastenzeit beim Abschnitt Gestalten).

Speisen

Lamm
Früher und vielerorts heute noch wird zu Ostern das traditionelle Osterlamm (das jüdische Passahlamm) zubereitet.
Wer kein Fleisch isst, bäckt es aus Brot-, Zopf- oder süssem Teig.

Rezept Osterlamm

Osterlämmer aus Teig wurden schon im Mittelalter gebacken; seit dem Rokoko sind spezielle Backformen für Lämmer aus Biskuitteig bekannt, Lammformen sind in Haushaltwaren-Geschäften und bei Grossverteilern erhältlich.

80 g Butter
80 g Zucker
1 Pack Vanillezucker
1 Prise Salz
2 Eier
1 TL Rum
80 g gemahlene Nüsse
80 g Speisestärke
1 TL Backpulver
Die Zutaten der Reihe nach zu einem Rührteig verarbeiten, Form überall gut einfetten und mit Mehl bestäuben; den Teig in die geschlossene Lammform füllen und im unteren Bereich des Backofens auf einem Backblech backen.
Backzeit: 45 Minuten. Backtemperatur: 180° C
Frisch geniessen!

Tipp: Mit einem Siegesglöcklein oder einer roten Siegesfahne (an einem Zahnstocher befestigt) verzieren.

Lamm-Eisdessert

Die halbe Lammbackform mit einer beliebigen Eissorte füllen, wieder tiefkühlen, dann stürzen (die Form evtl. kurz heiss überspülen) und das Dessert servieren.

Saucen

Zu den vielen Eiern können wir pikante Saucen selber zubereiten: mit Quark, Soja-Tofu, Thunfisch, Mayonnaise, Oliven, Gurken und passenden Gewürzen sowie Kräutern. So schmecken die oft etwas trockenen Eier pikant.

Düfte

Die Düfte aller Frühlingsblumen gehören dazu, ganz besonders die intensiv riechende Hyazinthe, welche in unseren Wohnräumen einen zarten Osterduft verbreitet.

Ostergottesdienst

Der Gottesdienst

Der Gottesdienst findet in der Osternacht oder am frühen Ostermorgen statt, wenn es noch dunkel ist. Er beginnt mit dem Osterfeuer als Sinnbild des Lichts Christi (Joh. 3,5), das in die Welt gekommen ist. An diesem Feuer wird die grosse Osterkerze entzündet. Unter Lob- und Halleluja-Gesängen schreiten alle andächtig in die dunkle Kirche hinein und reichen einander das Licht der Osterkerze weiter, bis die kleinen Kerzen aller Teilnehmenden brennen. Dieses archaische Lichtritual ist ein Bild dafür, dass wir selber Licht in die Welt tragen wollen und stellt eine eindrückliche Ostererfahrung dar!

Das Taufwasser, das in der katholischen Osterfeier geweiht wird, erinnert an die lebenspendende Kraft Gottes und an die Erneuerung des Taufgelübdes. Die Frage, welche der Priester jeweils im katholischen Ostergottesdienst stellt: »Warum unterscheidet sich diese Nacht von allen anderen Nächten?«, stellen auch die Juden an ihrem Passahfest – sie geht zurück auf die Befreiung aus der Knechtschaft unter den Ägyptern, welche nach dieser denkwürdigen Nacht erfolgte und mit Christi Höllenfahrt, Auferstehung und Befreiung der Gefangenen aus der Knechtschaft des Todes/der Sünde eine geistige Fortsetzung fand. Um den Zusammenhang der alttestamentlichen Geschichten und der neutestamentlichen Erfüllung aufzuzeigen, werden entsprechende Lesungen vorgetragen. Das Abendmahl/die Eucharistiefeier findet manchmal erst im nachfolgenden Ostersonntagmorgen-Gottesdienst statt.
In einigen Berggegenden wird das Osterfeuer weit herum sichtbar auf Hügeln angezündet oder in Form von grossen, brennenden Holz- oder Strohrädern (= Sonnensymbol) die Berghänge hinuntergerollt. Früher wurden die Kohlen des Osterfeuers anschliessend über Felder und Äcker gestreut, als Sinnbild für den Segen, den Christus auch der ganzen Natur gebracht hat.

Osterlachen

Früher galt es als Pflicht der Pfarrer und Priester, die »Kirchgänger« im Ostergottesdienst zum Lachen zu bringen und eine ansteckende Fröhlichkeit zu verbreiten. Die Osterpredigt beinhaltete lustige Geschichten, um zu zeigen, dass Ostern ein Fest der Freude ist.

Osterjubel

Mancherorts verkündet man die Osterfreude nach dem Ostergottesdienst in Form von Posaunenklängen, Trompetenfanfaren oder Gesängen, die vom Kirchturm oben ins Land hinausschallen.

Ostergruss und Osterkuss

In vielen Ländern, vor allem in der Ostkirche, ist es Brauch, sich am Ostermorgen mit einem »Christus ist auferstanden« zu begrüssen und diesen Gruss mit »Christus ist wahrhaft auferstanden« zu erwidern. Dazu wird umarmt, geküsst, gelacht (Osterlachen), um der grossen Freude Ausdruck zu geben. Oft werden dabei verzierte oder persönlich zugedachte Ostereier verschenkt.
Wir können diese Sitte in der Familie pflegen und weiterführen, vielleicht so: Wer sich am Ostermorgen begegnet, begrüsst sich wie oben, dann fassen sich jeweils zwei an den Händen und wirbeln fröhlich im Kreis herum, indem sie z. B. singen oder rufen: Ostern, Ostern, Ostern ...!

Osterwasser holen

Dieser alte Brauch geht vermutlich auf überlieferte Fruchtbarkeitsrituale zurück und ist noch heute an manchen Orten lebendig. Am frühen Morgen vor oder bei Sonnenaufgang geht man (früher waren es vorwiegend unverheiratete Mädchen) schweigend (»Plapperwasser nützt nichts«) zu einer Quelle oder einem Brunnen, notfalls zu einem Fluss oder See, um das Osterwasser zu holen.
Die Legende besagt auch, dass Mädchen und Jungen, die sich beim Heimtragen des Osterwassers begegnen und anschauen, glückliche Liebespaare werden, oder dass man im Spiegelbild des Osterwassers das Gesicht des Geliebten erkennen kann. In einigen Gegenden Schwedens bespritzen die jungen Frauen ihren schlafenden Geliebten heimlich mit Osterwasser, um sich ihr Liebesglück zu sichern.

Das Wasser wurde am Ostersonntag in der Kirche geweiht. Es soll besonders heilkräftig sein und kann das Jahr über bei Krankenwaschungen, für Heilmittel u. a. m. verwendet werden. (Mit etwas Apfelschnaps vermengt ist es haltbarer.)
Die andächtige Stille, das Erwachen der Natur, Vogelstimmen, das kühle Quellwasser, die ganze heilige, ostersonntägliche Morgenstimmung gehören zu unvergesslichen Kindheitserinnerungen. Anschliessend an den Spaziergang erzählen wir z. B. die biblische Geschichte von Jesus und der Samariterin (»... sondern das Wasser, das ich ihm geben werde, wird ihm zu einer Quelle von Wasser werden, das sprudelt, um ewiges Leben zu spenden«, Joh. 4,1-15 ff), oder das Märchen »Das Wasser des Lebens«, S. 112. Wer nicht selber zu einer Quelle gehen kann, um Osterwasser zu holen, für den bietet sich eine meditative Bilder-

reise an: Wir führen die Kinder nach einer Entspannungs- und Beruhigungsphase mit sanfter Musik und ruhigem Atmen bei geschlossenen Augen zu einer geheimnisvollen Waldquelle (Schritt für Schritt den Weg beschreiben), bei der sie Osterwasser trinken und vielleicht der Hüterin der Quelle oder einem Engel begegnen können.

Die vorchristliche Göttinnengestalt Ostara soll Quellen und Brunnen beschützt haben, sowie die Jungfrauen, die Liebe, das häusliche Glück und die Gesundheit, besonders das Augenlicht. Auch die Figur der Frau Holle (vgl. Sigrid Früh: Rauhnächte. Stendel Verlag, 1998) und in der Tobitgeschichte der Erzengel Raphael haben eine ähnlich Rolle inne. Die Funktion von Ostara, Frau Holle, Freya, Berta, Lucia usw. ist später vielerorts auf Maria übertragen worden.

Vermutlich hängt der Brauch des Brunnenschmückens, der in einigen Gegenden gepflegt wird, mit dem des Osterwasserholens zusammen, da Brunnen als Spender von (Lebens-) Wasser immer hoch geschätzt wurden. Vgl. auch Bräuche zum Johanni/Mittsommerfest im Sommerband dieser Reihe.

Als Heil bringend galt auch das Wasser, das in der Osternacht vom Himmel fiel in Form von Schnee, Regen oder Tau. Es wurde in Gefässen aufgefangen oder mit ausgebreiteten Tüchern, mit denen man sich später abrieb. Kinder gingen frühmorgens im Tau laufen und wälzten sich in den taunassen Wiesen.

Wasser

Das Wasser ist so hell und klar.
Sein Alter ist viel tausend Jahr.
Man trank es schon im Paradies.
Im Durste schmeckt es wundersüss,
ist heilsam für gesund und krank,
es ist und bleibt der schönste Trank.

Ewiges Neubeginnen

Wo die reinen Quellen rinnen,
ist das ew'ge Neubeginnen.

Unsre Tage sind verloren,
wenn wir nicht wie neugeboren
alte Vorurteile lassen,
höhere Entschlüsse fassen,
neuen Weg zu Menschen finden,
enger uns mit Gott verbinden,
andre zu der Quelle führen,
bis auch sie den Aufschwung spüren
und das Wasser weiterreichen ...
Solches Glück ist ohnegleichen,
eint den Himmel mit der Erde,
mit dem Schöpferwort ES WERDE!

Wo die reinen Quellen rinnen,
ist das ew'ge Neubeginnen!

EPHIDES

Aus: Ephides. Ein Dichter des Transzendenten, [4]1995, ISBN 3-923601-01-8, ANTHOS Verlag Weinheim (D)

Osterspaziergang

Wenn wir nicht schon am frühen Morgen Osterwasser geholt haben, können wir es auch tagsüber noch nachholen. Beim traditionellen Osterspaziergang entdecken die Kinder Schokolade-Eier, welche der Osterhase – die Erwachsenen haben sie vorher heimlich versteckt – verloren hat. Welche Überraschung!

Spiele

Dreht euch nicht um, der Hase geht um

Alle Mitspielenden bilden einen Kreis. Eines der Kinder spielt den Hasen, geht ausserhalb des Kreises herum und lässt möglichst heimlich ein Schokolade-Ei hinter dem Rücken eines anderen Kindes fallen. Wenn dieses das merkt, darf es hinter dem Hasen herlaufen und der Hase seinerseits muss davonrennen, bis er den leeren Platz des Kindes erreicht. Schafft er das, ohne erwischt (berührt) zu werden, kann er selber das Ei essen; gewinnt der Verfolger, darf dieser das Ei verspeisen. So oder so spielt der Verfolger in der nächsten Runde den Hasen.

Häschen hilf

Bei diesem Fangspiel ist einer der Wolf, die anderen die Häschen. Wird ein Hase verfolgt, darf er bei einem anderen Hasen Schutz suchen, indem er ihm die Hand reicht. So kann er nicht mehr gefangen werden. Erreicht er die Hand des anderen nicht und wird getroffen, muss er in der nächsten Runde den Wolf spielen.

Osterhasen-Ohren zeichnen

Auf einem grossen Papierbogen wird ein Hase ohne Ohren vorgezeichnet. Nun müssen die Mitspielenden der Reihe nach mit verbundenen Augen die Ohren zu dem Hasen zeichnen. Gewonnen hat derjenige, welcher die Ohren in grösster Nähe zum Hasenkopf getroffen hat.

Osterhasen werfen

Zwei bis vier Mitspielende fassen die vier Ecken eines Tuches, werfen gemeinsam einen Plüschhasen hoch in die Luft und versuchen ihn wieder zu fangen.

Eier tütschen/pecken

Zwei Eier werden mit dem spitzen und dem stumpfen Ende gegeneinander gestossen; wessen Ei als erstes an einem oder beiden Enden zerbricht, hat verloren, sein Ei wird zuerst gegessen, das andere »kämpft« gegen einen neuen Eiergegner.

Eier-Leiter

An einem mit Schokoladeeiern/Zuckereiern gefüllten Glas steht eine Kartonleiter, die bis zum Gefässrand reicht. Jeder Spieler hat eine andersfarbige Büroklammer. Nun wird der Reihe nach gewürfelt: mit einer Eins darf man seine Büroklammer ein Sprosse höher schieben. Wer zuerst ganz oben ist, darf sich ein Ei nehmen und muss dann wieder unten beginnen.

Eier rollen

An einer Böschung oder im Sandkasten wird eine Eier-Roll-Bahn gebaut. Jenes bunte Ei (oder Schokolade-Ei), welches den weitesten Weg schafft, hat gewonnen.

Man kann gekochte, farbige Eier auch über eine schräg abfallende Rinne, die durch zwei Besenstiele gebildet wird, auf eine weiche Unterlage rollen lassen.

Wieder gewinnt dasjenige Ei, das am weitesten kommt.

Eier-Kricket

Anstatt mit gewöhnlichen Kricketkugeln können wir das Spiel zur Osterzeit mit Holzeiern spielen: Jeder Teilnehmer muss sein Ei auf dem Weg zum Ziel unter mehreren kleinen Torbogen (aus Draht biegen und versetzt, d. h. nicht in gerader Linie in den Rasen stecken) hindurchbringen. Dabei wird das Ei mit der Schmalseite eines Besens angestossen, sodass es in die gewünschte Richtung rollt. Pro Durchgang darf nur einmal angestossen werden, ausser man hat ein Tor passieren können; in diesem Fall darf man ein weiteres Mal anstossen. Gewonnen hat, wessen Ei nach dem Passieren aller Tore zuerst an den Zielpfosten geschlagen werden kann. Eine zusätzliche Erschwernis stellt die Regel dar, dass beim zufälligen oder absichtlichen Zusammenprall mit dem Ei eines Mitspielers dieses mit dem Besen weit weg gekickt werden darf, allerdings nicht aus dem Spielfeld hinaus. Der Betroffene muss sein Ei von dort aus wieder zurückstossen, bis er am alten Platz weiterspielen kann.

Eier-Lauf

Die Mitspielenden laufen auf Kommando mit einem Ei (oder Schokolade-Ei) auf einem Suppenlöffel balancierend zu einem vorher bestimmten Ziel und wieder zurück. Gewonnen hat, wer sein Ei am schnellsten ganz hin und zurück befördern konnte. Anstatt auf dem Suppenlöffel kann das Ei auch zwischen den Knien eingeklemmt und hüpfend transportiert werden, oder es sind sogar mehrere Eier, die in einem kleinen Körbchen, das zwischen den Knien eingeklemmt wird, ins Ziel befördert werden müssen.

Eier-Tanz

Während die Musik spielt und dazu getanzt wird, gibt man ein Ei von Hand zu Hand weiter; wer das Ei in der Hand hält, wenn die Musik stoppt, scheidet aus. Wer am Schluss mit dem Ei übrig bleibt, darf es behalten und essen. Dann beginnt ein neuer Tanz.

Eier werfen

Die Mitspielenden versuchen aus einer bestimmten Entfernung ein Ei oder Schokolade-Ei in ein gut gepolstertes Osternest/Korb zu werfen. Noch schwieriger ist es, wenn man versucht, das Ei rückwärts zwischen den Beinen hindurch in den Korb zu treffen, oder man unter der Kniekehle durchzielen muss.

Hühnerspiel: Eier fordern

Eines der Kinder schlüpft mit einem Korb voller Zucker- oder Schokolade-Eiern unter eine Decke und spielt das Huhn. Die anderen Kinder stehen ringsherum und betteln: »Liebes Huhn, gib mir ein Ei, dann bin ich frei!« Daraufhin gackert das Huhn, bewegt sich auf und ab und rollt dabei möglichst unbemerkt irgendwo ein Ei unter der Decke hervor. Wer als erster drei Eier erwischt hat, ist frei und darf im der nächsten Runde das Huhn spielen.

Erzählen/Vorlesen

Die Geschichten vom leeren Grab und der Erscheinung des Auferstandenen aus einer Kinder- oder Bilderbibel vorlesen.

Das Wasser des Lebens

Ein alter König hatte drei Söhne. Einmal wurde er krank, so krank, dass er sein Land nicht mehr regieren konnte. Er musste liegen, und kein Arzt konnte ihn heilen, alle versuchten nur, sein Leiden zu lindern. Eines Tages kam ein alter, weiser Mann an den Hof, und als er den König untersucht hatte, sprach er: »Hier kann nur noch das Wasser des Lebens helfen. Aber man muss es aus dem Reich der Morgendämmerung holen, und niemand weiss, wo das liegt oder wie man dahin gelangt.« Als der älteste Sohn hörte, dass einer ausziehen sollte, das Wasser des Lebens zu holen, erklärte er sich sofort dazu bereit. Der alte König hatte noch keinen Nachfolger bestimmt, und der Prinz hoffte, bei dieser Gelegenheit sich einschmeicheln zu können. Zuerst wollte der König keinen seiner Söhne einen so weiten und gefahrvollen Weg ziehen lassen, aber der Prinz gab nicht nach, bis der Vater schliesslich einwilligte. Der älteste Prinz wählte das beste Pferd aus den Ställen seines Vaters und füllte die Satteltaschen mit Edelsteinen. Er galoppierte den ganzen Tag, bis er ans Meer kam. Dort lag ein Schiff fahrbereit. Der Prinz gebot dem Schiffer nicht länger einzuladen, sondern zuerst ihn überzufahren. Von einer Entschädigung sprach er nicht. Der Kapitän wagte es nicht, dem ältesten Sohn des Königs zu widersprechen; er warf die Taue los und fuhr ab. Inzwischen sass der Prinz in der Kapitänskajüte und liess das Beste, das an Bord war, auftragen. Ein Matrose musste sein Pferd striegeln und füttern. Am anderen Ufer dankte der Prinz gar nicht, sondern sprang auf sein Pferd und trieb es weiter an. Gegen Abend ritt er durch einen finsteren Wald. Mitten im Wald stand eine kleine Hütte. Das Licht einer Öllampe drang heraus, und am Tisch neben dem Fenster sass ein alte Frau und verlas Erbsen. Der Prinz sprang vom Pferd und trat ohne zu grüssen an den Tisch. Er befahl der Alten das Pferd zu versorgen, das Feuer anzuzünden und ihm alles Essen zu bringen, das im Haus war. Schweigend gehorchte die Alte. Der Prinz ass alles auf, und als sie ihm noch die staubigen Stiefel ausgezogen hatte, legte er den Kopf auf den Tisch und schnarchte. Am nächsten Morgen war die Alte schon in aller Frühe wach und bereitete dem Prinzen eine Mahlzeit. Ohne Abschied sprang er auf sein Pferd und jagte weiter. Als er den Wald durchquert hatte, kam er an einen Hohlweg, der zu einer grossen Wiese führte. Eben wollte er in den Hohlweg hineinreiten, da stand plötzlich ein kleines Männchen vor ihm und streckte die Hand aus.

Der Prinz hielt an und das Männchen sprach: »Ich erhebe hier Tribut. Wenn ihr weiterreiten wollt, müsst ihr eine goldene Erbse bezahlen.« Der Prinz spornte sein Pferd an, um das Männchen zur Seite zu zwingen, aber das Pferd bockte, und der Prinz flog in hohem Bogen durch die Luft. Er landete kopfüber auf der Erde und trieb dort Wurzeln. Kurze Zeit später stand nichts als eine moosige Kopfweide am Wassergraben.

Als der Älteste nicht wiederkam, ging der zweite Sohn zum König und bat, ausziehen zu dürfen, um das Wasser des Lebens aus dem Reich der Morgendämmerung zu holen. Dem König fiel es schwer, auch diesen Sohn fortziehen zu lassen, denn er hatte alle seine Söhne gleich lieb. Der zweite Prinz ritt denselben Weg bis ans Meer. Das Schiff lag schon bereit und war voller Menschen, aber er liess sie alle aussteigen, und der Schiffer musste ihn alleine überfahren.

Auch er kam zu der Hütte, wo die Alte am Fenster sass und Erbsen verlas. Der Prinz hiess sie, das Pferd zu versorgen, ass sich satt und legte sich auf ihr Bett schlafen. Ohne ein Wort ritt er am anderen Tag nach dem Morgenbrot davon. Ihm erging es nicht besser, und er landete als alte Weide am Grabenrand.

Es verging eine lange Zeit, und als auch der zweite Sohn nicht wiederkam, ging es dem alten König immer schlechter. Der Jüngste konnte es nicht länger mitansehen und bat seinen Vater, ins Reich der Morgendämmerung reiten zu dürfen, um das Wasser des Lebens zu holen. Der König wollte nichts davon wissen: Wenn dieser Sohn auch ausbliebe, so hätte er niemanden mehr. Als aber der Prinz meinte, seine Brüder bräuchten vielleicht Hilfe, gab der König nach. Der Jüngste holte sein eigenes Pferd aus dem Stall und füllte die Satteltaschen reichlich mit Essen. Als er ans Meer kam und ein Schiff liegen sah, fragte er den Schiffer, ob er um den üblichen Preis mitfahren könne. Der Schiffer antwortete: »Das Schiff ist voll. Du kannst aber mitfahren, wenn du für dich und dein Pferd arbeiten willst, denn es fehlt ein Matrose.« Der Prinz willigte ein und arbeitete unterwegs für zwei. Am Ufer bedankte er sich beim Schiffer und ritt in den dunklen Wald hinein. In der kleinen Hütte sass die alte Frau beim Schein der Öllampe am Tisch und verlas Erbsen, und der junge Prinz ging zur Tür und rief einen Gruss. Die Alte bat ihn herein. Der Prinz fragte, ob er wohl etwas von seinem Proviant essen dürfe. »Ich habe viel mitgenommen«, sagte er. »Es reicht auch für uns beide.« Die Alte brachte zu trinken, und der Prinz erzählte ihr, wozu er ausgezogen sei. Nach dem Essen fütterte er sein Pferd und setzte sich dann zu der alten Frau an den Tisch. Sie war schon wieder beim Erbsenlesen, und der Prinz nahm eine Handvoll nach der anderen und half ihr. Den ganzen Abend arbeiteten und redeten sie miteinander. Als der Prinz die letzte Handvoll aus der Schüssel nahm, entdeckte er plötzlich eine goldene Erbse zwischen den grünen. Er wollte sie der Frau geben, aber die lachte: »Ich freue mich, dass du sie gefunden hast. Denn diese Erbse wird dir nützlich sein auf deinem Weg in das Reich der Morgendämmerung. Verwahre sie gut, du wirst sie bald brauchen!« Der Prinz wickelte sich in eine Decke und schlief neben dem Feuer auf der Erde. Als er am anderen Morgen weiterzog, schaute die alte Frau ihm von der Tür aus nach und winkte. Der Prinz ritt durch den Wald und kam zu dem Männchen, das mitten in dem Hohlweg stand. Er stieg vom Pferd und fragte freundlich nach seinem Begehr.
Das Männchen erklärte, hier dürfe keiner vorbei, der nicht eine goldene Erbse zahlen könne. Der Prinz hatte die Erbse unter seine Zunge gelegt. Er rieb sie trocken, ehe er sie dem Männchen überreichte. Das dankte und zog mit Schwung seine rote Zipfelmütze: »Der Weg in das Reich der Morgendämmerung liegt vor dir«, sagte es. »Ich weiss, wer du bist und was du suchst. Hier ist ein getrockneter Hasenfuss, den musst du um deinen Hals hängen. Und hier hast du noch einen Doppelwecken. Du musst ihn mitnehmen, darfst aber nicht davon essen. Du brauchst ihn, um die wilden Löwen, die dir begegnen werden, zu zähmen. Wenn sie sich auf dich stürzen, musst du ihnen gleich je ein halbes Brot in den Rachen werfen. Das Wasser des Lebens findest du im Palast der aufgehenden Sonne. Es wird in einer goldenen Flasche verwahrt und liegt in der Asche unter dem Feuervogel. Schau den Vogel nicht an – du würdest als Rauch aus dem Schornstein aufsteigen. Und halte dich nicht lange auf! Ehe es zwölf geschlagen hat, musst du wieder draussen sein, sonst wirst du in einen Hasen verwandelt und draussen von den Löwen zerrissen. Schau dich nicht um, und wecke keinen Schläfer! Wenn du zum Palast der aufgehenden Sonne kommst, so schlage dreimal mit dem Hasenfuss ans

Tor, und es wird offen bleiben, bis die Uhr zwölf schlägt.« Das Männchen wünschte ihm eine gute Reise, und der Prinz ritt weiter durch Felder und Wälder, über breite Ströme und tiefe Sümpfe. Endlich erblickte er von weitem einen Palast auf einer Anhöhe. Die Mauern glänzten wie die ersten Sonnenstrahlen an einem Sommermorgen, und der Himmel war klar wie die silberne Morgendämmerung. Als er auf das Tor zuritt, nahten von beiden Seiten aus dem Gebüsch zwei Löwen, gross wie Pferde. Sie duckten sich zum Sprung, aber der Prinz nahm das Brot und warf jedem die Hälfte in den Rachen. Sie legten sich kauend hin, und der Prinz ritt zum Tor. Dreimal schlug er mit dem Hasenfuss daran, und die schweren Torflügel schwenkten auf, ohne dass er jemand sah. Er band sein Pferd auf dem Hofplatz fest und stieg die goldene Treppe hinan. Alles glänzte von Gold und Edelsteinen, sogar der Boden war mit Gold eingelegt. Aber alle Säle waren leer, und der Prinz stieg weiter die Treppe hinauf. Er trat in ein Gemach, wo eine wunderschöne Jungfrau unbekleidet auf einem Ruhebett lag. Sie schlief, und der Prinz konnte seine Augen nicht von ihr abwenden. Er fand sie so schön, dass er sich neben sie legte und sie küsste. Im Schlaf schlang sie ihre Arme um ihn, und der Prinz vergass bald Stunden und Zeit.

Als er erwachte und aufsprang, war es wenige Minuten vor zwölf. Er eilte aus dem Zimmer, ergriff aber noch schnell einen Beutel und ein silbernes Schwert, die auf dem Tisch lagen. Mit dem Schwert hieb er einen Span aus dem Bettpfosten und steckte ihn als Andenken in die Tasche. Im Zimmer nebenan brannte ein gewaltiges Feuer, und mitten im Feuer, auf der glühenden Asche, sass der Feuervogel. Flammen waren sein Gefieder. Mit gesenktem Blick lief der Prinz hin und streckte die Hand in die Asche. Er verbrannte seine Finger, fand aber eine goldene Flasche, die aus der Asche ragte. Mit Schwert und Beutel in der einen und der goldenen Flasche in der andern Hand rannte er aus dem Palast. Einer der Löwen schnappte nach ihm und biss ihn in die Ferse. Dann schlug das Tor just hinter ihm zu. Der Prinz ritt denselben Weg zurück, und als er wieder zum Hohlweg kam, wartete der Zwerg schon auf ihn. Der Prinz erzählte, was sich zugetragen hatte, und der Zwerg sprach: »Beutel und Schwert sind ein grosser Gewinn, sie sind mächtige Zaubermittel. Der Beutel wird nie leer, wieviel du auch herausnimmst, und das Schwert hat seinen Herrn noch nie verlieren lassen. Beide kannst du einen Tag lang ausleihen, dann werden sie aber immer wieder zu dir zurückkehren. Das Schwert wird alles ausführen, das du von ihm verlangst.«

Der Prinz fragte den Zwerg, wie es seinen Brüdern ergangen sei, und der Zwerg antwortete: »Nach Gold stand ihre Gier, als Holz nun stehn sie hier.« Er deutete auf die beiden Kopfweiden und fuhr fort: »Lass deine Brüder lieber stehen. Du kannst alleine weitergehen.« Aber der Prinz erzählte, wie sich sein Vater so sehr nach seinen Söhnen sehnte, und er bat den Zwerg, barmherzig zu sein. Der Zwerg schüttelte den Kopf: »Du kennst sie noch nicht. Du musst es selber wissen, aber du wirst es bereuen.« Er berührte die Weiden mit einem Stab, und die beiden älteren Prinzen purzelten ins Gras. Im gleichen Augenblick hatte der Zwerg sich ins Gebüsch geduckt, und der jüngste Prinz war so glücklich über die Erlösung, dass er seinen Brüdern sogleich seine Erlebnisse erzählte. Die beiden gaben allem und jedem die Schuld an ihrem Unglück; über ihre eigenen Streiche sagten sie freilich nichts. Zu dritt zogen sie weiter und gerieten in ein Land, wo Hungersnot herrschte. Der Jüngste verteilte überall Essen aus dem Beutel, der nie leer wurde, und liess die Vorratskammern auffüllen. Sie wanderten weiter und kamen in ein Land, das ein grausamer Feind überfallen hatte, um die Bewohner auszutilgen. Einen Tag lang lieh der Prinz dem König des Landes sein Schwert, dann lebte kein Feind mehr. Ein drittes Königreich wurde von einem verheerenden Waldbrand zerstört. Der Prinz schlug mit seinem Schwert eine breite Schneise, damit das Feuer nicht mehr überspringen konnte. Endlich kamen sie wieder ans Meer, aber es lag kein Schiff bereit. Der Prinz befahl seinem Schwert, Bäume zu schlagen und ein Schiff daraus zu bauen. Die Späne flogen, und im Nu lag ein schweres Eichenboot fahrbereit. Sie gingen an Bord, und weil der Jüngste tage- und nächtelang kein Auge zugemacht hatte, versank er in einen tiefen Schlaf.

Die beiden Brüder hatten voller Neid gesehen, wie ihm alles so leicht von der Hand ging, jetzt nahmen sie die Gelegenheit wahr, ihm eins auszuwischen und selber dabei zu gewinnen. Sie zogen die Flasche mit dem Wasser des Lebens aus seiner Tasche und gossen den Inhalt in eine andere. Die goldene Flasche füllten sie mit Meerwasser und steckten sie ihm wieder zu.

Am anderen Tag landeten sie und zogen heim zu ihrem Vater. Zu Hause angekommen, gingen alle drei sogleich zum König, der kaum noch am Leben war. Der Jüngste stützte ihn und gab ihm aus seiner Flasche zu trinken. Aber der alte König fing an zu husten, dass er fast erstickte. Er rang nach Atem, und der jüngste Sohn wurde leichenblass. Da traten die beiden Ältesten hervor und klagten den Jüngsten an, er wolle seinen Vater gewiss umbringen, damit er sein Erbteil antreten könne. Sie aber wollten das verhindern. Zusammen liessen sie den Vater aus ihrer Flasche trinken. Schon beim ersten Schluck röteten sich seine Wangen. Als die Flasche leer war, warf der König die Decke von sich und stand aufrecht, stark wie ein junger Mann. Vor aller Augen griff er sich seinen jüngsten Sohn, gab ihm eine Tracht Prügel und schalt ihn mit heftigen Worten. Der Prinz hörte es schweigend an. Der König ereiferte sich so sehr, dass er ihn aus dem Haus jagte und ihm nachrief, er wolle ihn nie wieder sehen. Der jüngste Prinz schwang sich auf sein Pferd und ritt, den Beutel am Gürtel und das Schwert an der Seite, in die weite Welt.

Nicht lange, so wurden aus den umliegenden Königreichen lauter Geschenke gebracht, ja die Könige erschienen selbst, um dem jüngsten Prinzen zu danken für alles, was er für sie getan hatte. Nun kamen dem alten König Zweifel, ob er richtig gehandelt habe, und er liess ausrufen, sein jüngster Sohn möge nach Hause zurückkehren. Aber es kam kein Lebenszeichen.

Nach einiger Zeit überfiel ein mächtiges Heer, von einer Königstochter angeführt, das Land und besetzte es. Der König und seine Söhne wurden gefangen genommen und in eine Burg gesperrt. Die Königstochter bezog den Palast. Ehe sie den Befehl gab, den König und seine Söhne vorzuführen, liess sie den Weg zum Thron, auf dem sie sass, ganz mit dicken Teppichen auslegen, die aus reinen Goldfäden geknüpft waren. Nun wurden die Gefangenen zum Eingang geführt, und die Königstochter hiess sie näherkommen. Der König und die beiden Brüder wollten die kostbaren Teppiche nicht betreten, sondern gingen an beiden Seiten entlang. Da wurden auf einmal die Türen aufgestossen, und der jüngste Prinz stand auf der Schwelle, das Wunderschwert in der Hand. Er sah die Pracht und Herrlichkeit ringsherum nicht, er achtete nicht die goldenen Teppiche am Boden. Er sah nur die Königstochter auf dem Thron, dieselbe, bei der er im verzauberten Schloss gelegen hatte. Er steckte das Schwert ein und lief

mit ausgebreiteten Armen auf sie zu, mitten über die goldenen Teppiche. Die Königstochter sprach: »Du musst derjenige sein, der in meinem Schloss das heilende Wasser geholt hat. Niemand sonst kann das Schwert besitzen.«
Aber die Brüder riefen: »Es ist nicht wahr, er hat es gestohlen!« Der Jüngste sah die Königstochter an und sprach: »Das Schwert hätte ich stehlen können. Aber niemand als ich kann dir den Span zeigen, den ich aus dem Bettpfosten geschlagen habe, ehe ich dich verlassen musste!« Da fiel ihm die Königstochter um den Hals und sprach: »Länger als ein Jahr hat es gedauert, bis ich den Vater meines Kindes und meinen Herzliebsten gefunden habe!«

Amica Esterl

Aus: Das fliegende Schiff. Verlag Freies Geistesleben, Stuttgart 1990

Gedichte

Osterwunsch

Ich wünsche euch zum Osterfest,
dass ihr mit Freuden seht,
wie alles, weil's der Himmel will,
wahrhaftig aufersteht.

Das Dunkle weicht, das Kalte schmilzt,
erstarrte Wasser fliessen,
und duftend bricht die Erde auf,
um wieder neu zu spriessen.
Wir alle müssen eines Tag's
Von dieser Erde gehn.
Wir werden, wenn der Himmel will,
wie Ostern auferstehn.

Eva Rechlin

Aus: Hermine König: Das grosse Jahresbuch für Kinder. Kösel, München, Neuausgabe 2001

Osterhäschen

Liebes Häschen, willst du morgen
uns für Ostereier sorgen?
Liebes Häschen, bringe bald
bunte Eier aus dem Wald.

Weiches Moos und grüne Ästchen
bringen wir für dich zum Nestchen,
und daneben legen wir
Gras und Klee zum Futter dir.

Und der Hund muss an die Kette,
und wir Kinder gehen zu Bette,
dass dich niemand bange macht,
wenn du leise kommst zur Nacht.

G. Lang

Aus: Bühler/Lobeck (Hrsg.), Scheine Sonne Scheine. © Paul Haupt Berne

Unterm Baum

Unterm Baum im grünen Gras
sitzt ein kleiner Osterhas!
Putzt den Bart und spitzt das Ohr,
macht ein Männchen, guckt hervor,
springt dann fort mit einem Satz,
und ein kleiner, frecher Spatz
schaut jetzt nach, was denn dort sei.
Und was ist's? Ein Osterei!

Volksgut

Osterlied

2. Und weil du auferstanden bist,
Halleluja,
der Himmel nicht verschlossen ist,
Halleluja.
Wir danken, singen, voller Freud,
Halleluja,
die Tür steht offen uns seit heut:
Halleluja!
Halleluja, Halleluja, Halleluja!

Schweizer Mundart (= Original)

2. Und will du uferstande bisch,
Halleluja,
der Himmel nümm verschlosse isch,
Halleluja.
Mir danke dir, mir si so froo:
Halleluja,
du hesch für üs o d' Tür ufto:
Halleluja!
Halleluja! Halleluja! Halleluja!

Melodie: aus Würzburg, 1649
Text: Gertrud Meister

Sieh, das kleine Schäfchen/Ds' Schöfli, ds'chliine Schöfli

2. Und der gute Hirte sucht es überall
bis er es gefunden – trägt es in den Stall.

3. Jesus, du mein Hirte, suchest auch nach mir.
Du hast mich gefunden, ich hab's gut bei dir.

Schweizer Mundart (= Original)

2. Und der Hirt hets gfunde, jitz sich s nümm allei;
er pflegt sini Wunde, treit ihns glücklech hei.

3. I bi wien es Schöfli und der Hirt suecht mii.
Jesus tuet mi finde, füert zum Himmel hii.

Melodie: Joh. Chr. Heinrich Rink
Text Hochdeutsch: © Claire Schmid, CH-Lindau
Aus: Lieber Gott, du hörst mein Lied, Christlicher Bilder-Liederbuch-Verlag, CH Lindau
Text Mundart: Gertrud Meister, © Adrian Meister, CH-Bern

Zu Ostern passt der bekannte Kanon »Ein heller Morgen ohne Sorgen, folget der düsteren Nacht. Nach Dunkel und Schatten, leuchten die Matten, die Flur und der Wald erwacht. Des Herren Macht, hat Licht gebracht.«

Osterhasenlied

2. Hinter dem Haus, vor dem Haus suchen wir Moos und Steine;
s' Osterhäschen springt davon und schlenkert seine Beine.

3. Hinter dem Haus, vor dem Haus bauen wir kleine Nestchen;
s' Osterhäschen rennt schnell heim und holt sein Eierkästchen.

4. Hinter dem Haus, vor dem Haus, woll'n wir lustig singen;
s' Osterhäschen wird uns heut, farbige Eier bringen.

Schweizer Mundart (= Original)

2. Hinger em Huus, vor em Huus, sueche mer Moos und Steindli;
s' Oschterhäsli gumpt dervo, schlänkeret sini Beindli.

3. Hinger em Huus, vor em Huus, boue mer chlyni Näschtli;
s' Oschterhäsli springt schnäll hei und holt sis Eierchäschtli.

4. Hinger em Huus, vor em Huus, tüe mer luschtig singe;
s' Oschterhäsli, tuet is hüt, farbegi Eili bringe.

Text und Melodie: Volksgut
Aus: Ringe, Ringe, Rose. Verlag Helbing & Lichtenhahn, Basel
Übersetzung Hochdeutsch: Franziska Schneider-Stotzer

Der Baum
(Schweiz. Verlag für kirchl. Kunst, Belp)

Einführung

Ostern bis Himmelfahrt
Die 40-tägige Zeit bis zu Jesus' endgültigem Abschied von der Erde (Himmelfahrt/Auffahrt) hat keinen speziellen Namen, obwohl sie einen solchen durchaus verdienen würde. Diese Zeitspanne erinnert an die schon im Kapitel Fastenzeit beschriebene geistige Wegstrecke vor einem wichtigen Ereignis.

Der auferstandene Christus erscheint seinen Jüngern
»Und diesen erwies er sich nach seinem Leiden auch durch viele Beweise als lebendig, indem er ihnen während 40 Tagen erschien und über das Reich Gottes redete.« (Apg. 1,3)
Für die Jünger und Jüngerinnen Christi muss es eine eindrückliche und äusserst bedeutsame Zeit gewesen sein: Nach dem schrecklichen Tod und Verlust ihres geliebten Lehrers und Messias dürfen sie hautnah und greifbar (Joh. 20,24-29) erfahren, wie dieser weiterlebt. Immer wieder erscheint Jesus den Jüngern, spricht und isst (Luk. 24,21-43) mit ihnen; ja, sie dürfen ihn sogar berühren. Er erklärt ihnen die alten Schriften und alles, was über ihn und seinen Erlösungsauftrag vorausgesagt war und was er erfüllt hat. Gleichzeitig verspricht er ihnen den Heiligen Geist (Pfingsten), der sie in die ganze Wahrheit einführen soll (Joh. 16,12-13) und mit dessen Hilfe (»Kraft aus der Höhe«, Luk. 24,49) die Jünger später die Frohe Botschaft (= das Evangelium) in die Welt hinaustragen sollen.

Wie ist das zu erklären?
Die uns überlieferten Erscheinungen Christi nach seinem physischen Tod werfen Fragen auf. Wie soll man sich dies vorstellen? Aus dem Bereich der Parapsychologie (eine Wissenschaft, die sich mit physikalisch unerklärbaren, geistigen Wirkungen auf materielle Vorgänge befasst) wissen wir, dass sich Geistwesen und geistige Gegenstände zeitweise materialisieren, d. h. fest und sichtbar gemacht werden können, das Prinzip gilt auch umgekehrt. Diese Tatsachen sind durch unzählige Erfahrungsberichte belegt, nur eben nicht mittels physikalischer Gesetzmässigkeiten erklärbar. Allerdings nähern sich die neuesten physikalischen Erkenntnisse diesen feinstofflichen Bereichen immer mehr. Sie zeigen auf, dass Materie nichts anderes als verdichtete Energie ist. Nur in unserem Bewusstsein und wegen unserer beschränkten Wahrnehmungsfähigkeit von Übersinnlichem existiert diese starke Kluft zwischen den zwei Welten, die in Wahrheit untrennbar miteinander verbunden sind.
Man kann sich also das Verschwinden des Leibes Christi aus dem Grab als eine Art Entmaterialisierungs-Prozess (Auflösung des physischen Körpers) vorstellen und die nachfolgenden Erscheinungen als Materialisierungsprozess (Aufbau/Verfestigung des Geistleibes, damit er sicht- und greifbar wird).
Das Phänomen der Erscheinungen von ganz oder teilweise materialisierten Geistwesen ist gar nicht so selten wie man meinen könnte. Gemäss einer Umfrage in 16 europäischen Staaten soll jedem zehnten Menschen schon ein Ver-

storbener erschienen sein. (Quelle: »Beobachter« 8, 2000). Rechnet man andere paranormale Phänomene dazu, erhöht sich die Zahl rasant. In dem Buch »Trost aus dem Jenseits« (Scherz Verlag) haben Bill und Judy Guggenheim eine Fülle von Erfahrungen zusammengetragen von Menschen, die – wie die Jünger und Jüngerinnen Jesu auch – durch Begegnungen mit Verstorbenen getröstet wurden. Der Autorin sind persönlich mehrere solche Fälle bekannt.

Sinnbilder

Der Schmetterling
Einleuchtendes Bild des menschlichen Lebens als Raupe, mit immer neuen »Kleidern«/Häuten (weil die alten zu eng werden) bis hin zur Verwandlung im scheinbar toten Puppenstadium und bis zur Auferstehung als wunderschöner, fliegender Schmetterling: ein Sinnbild für die Seele, welche die tote Hülle/den toten Körper verlässt und weiterlebt.

Leitmotiv

Vertrauen auf ein Weiterleben nach dem Tod,
Trost und Hoffnung

Oh Schmetterling
du zartes Ding!
Nach deiner dunklen Todesruh
dem Puppensarg entsteigest du.
Künd'st uns von der Himmelshelle
bist ein Bild der lichten Seele,
die, befreit vom Raupenleben
weiterlebt im Himmelssegen.
Schmetterling, ich werde fliegen
und wie du den Tod besiegen!

Jahreszeiten-Tisch

Schmetterlinge, vielleicht zusammen mit einem Blumenstrauss, verdeutlichen das Geschehen in einem Bild.
Wer biblische Figuren besitzt, stellt eine Begegnung mit dem auferstandenen Jesus zusammen (JüngerInnen, Emmausgeschichte, am See Tiberias, der ungläubige Thomas).

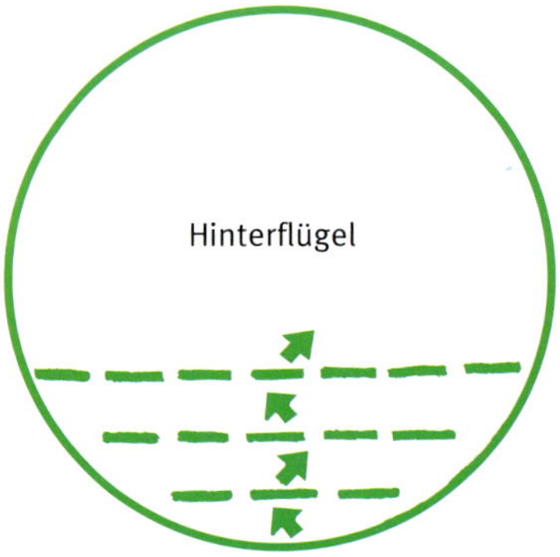

Gestalten

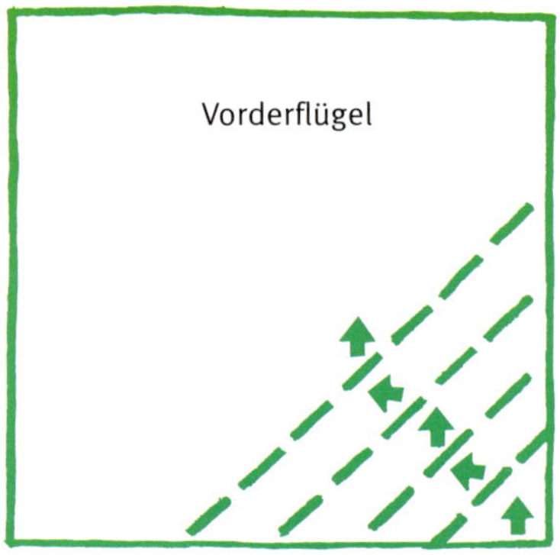

beliebig vergrössern

Schmetterlinge
Die farbenprächtig bemalten und gefalteten Schmetterlinge hängen an in Vasen eingestellten Zweigen, an Lampen, über dem Jahreszeiten-Tisch und zwischen Blumensträussen. Babys bestaunen die bunten Schmetterlinge ganz besonders, wenn sie als Mobile über dem Wickeltisch schweben und sich sanft im Luftzug hin und her bewegen.
Material: Biegeplüsch (= Pfeifenreiniger-Draht), Papier, Wachskreiden, Buntstifte oder Wasserfarben.
Muster und Anleitung: Das Muster kopieren/vergrössern, ausschneiden und auf Papier übertragen; bemalen und in 1/2 cm breite Falten legen (das quadratische Blatt diagonal) wie eine Handharmonika; die gefalteten Flügel aussen beidseitig auseinander ziehen; in der Mitte zusammendrücken und nach unten (Hinterflügel), resp. nach oben (Vorderflügel) biegen; die beiden Flügelpaare verbindet man mit Biegeplüsch; den Hinterleib formen, indem man den Draht bei der Faltstelle mehrmals verdreht; dann beide Flügelpaare in die Drahtöffnung legen und darüber den Draht 2-mal satt verdrehen; die Drahtenden gegen aussen biegen und auf Fühlerlänge zurückschneiden; Aufhängefaden am Biegeplüsch befestigen.

Socken-Raupe
Aus einer Wollsocke mit angenähten Knopfaugen entsteht schnell eine Spielraupe, indem wir mit der Hand hineinschlüpfen und das wellenartige Bewegen und Fressen der Raupe nachahmen.
Wenn die Raupe sterben will, wickeln wir sie in braunes Wollgarn ein = Puppe/Kokon. Nach der Puppenruhe (Fäden entfernen) befestigen wir Flügel am Sockenleib: aus selbst bemalten Papier oder Draht, der mit farbigen Nylonstrümpfen umspannt ist. Jetzt können wir mit unserem Schmetterling fliegen.

Schmetterlinge züchten
Die wunderbare Verwandlung von der Raupe bis zum Schmetterling können wir von Tag zu Tag mitverfolgen, wenn wir selber Schmetterlinge züchten.

Material: Zuchtbehälter aus Karton oder Holz; engmaschiges Drahtgitter/Mückengitter, Vorhangstoff oder Gaze mit Gummiband zum Abschliessen des Käfigs (auf der Rückseite kann eine zusätzliche Öffnung geschnitten und ein Glas zum Beobachten fixiert werden; ein Käfig ganz aus Glas ist jedoch nicht sehr geeignet, denn darin kann die Feuchtigkeit nicht abziehen und dies bedeutet eine Infektionsgefahr für die Raupen); 2 kleine Glasflaschen als Vasen; stets frische Brennnesselblätter als Futter für die Raupen; Haushaltpapier.

Vorgehen: Ende April bis Ende Mai legen die Weibchen des Kleinen Fuches und des Tagpfauenauges ihre Eier auf der Unterseite von Brennnesselblättern ab. Die Räupchen schlüpfen nach zwei bis drei Wochen und leben vorerst in Gespinstnestern dicht beieinander. Für unsere Zucht suchen wir ein Gespinst mit 3-4 mm grossen Raupen. Wir brechen den Brennnesselzweig (mit Gummihandschuhen) samt Gespinst ab und stellen ihn in die Flasche; die Öffnung verstopfen wir, damit die Raupen nicht ins Wasser fallen können. Die Flasche kommt nun in den vorbereiteten Zuchtbehälter, den wir mit Haushaltpapier auslegen, damit die Feuchtigkeit im Käfig aufgesaugt werden kann (gelegentlich wechseln). Den Behälter stellen wir an einen hellen, warmen und trockenen Standort, aber nicht in direkte Sonnenbestrahlung.

Fütterung: Anfangs alle paar Tage, später täglich frische Brennnesselzweige in der zweiten Flasche dicht neben den alten Zweig stellen, sodass die Raupen auf die neuen Pflanzen kriechen können; bevor der alte Zweig entfernt wird, eventuell noch vorhandene Raupen mit einem Stück Papier auf die neuen Brennnesseln setzen. Wenn die Raupen grösser werden und man feststellt, dass es zu viele sind, kann man eine bestimmte Anzahl davon auf Brennnesseln in der freien Natur aussiedeln (an einen Ort, wo nicht gemäht wird!).

Entwicklung: Bevor sich die Raupe verpuppt, häutet sie sich vier- bis fünfmal. Wenn die Raupe nach etwa einer Woche satt ist, wird ihr die alte Haut zu eng. Sie spinnt sich ein Ruhepolster und bleibt reglos darauf liegen, damit innen eine neue Haut wachsen kann. Nach ein bis drei Tagen beginnt die alte Haut hinter dem Kopf zu reissen und die Raupe kriecht aus ihrem alten Kleid heraus. Für die letzte Häutung hängen sich die Raupen kopfüber auf, spinnen sich fest und werden zur Puppe, welche schon die zukünftige Form des Schmetterlings erahnen lässt. Die Puppenruhe dauert ein bis zwei Wochen, während dieser Zeit verwandelt sich die Raupe in einen wunderschönen Schmetterling! Man sollte die Puppe/den Kokon nicht berühren, damit sie/er nicht verletzt wird. Wenn der Kokon endlich aufbricht, und der neue Schmetterling herauskriecht, sind die Flügel noch ganz weich und zerknittert. Bevor der Schmetterling wegfliegen kann, müssen sie sich entfalten und fest werden. Dieser Vorgang dauert etwa zwei Stunden. Jetzt kann man den Käfig öffnen und den Schmetterling draussen fliegen lassen.

Tipp: Es kann vorkommen, dass Schmetterlinge zu früh schlüpfen oder aus einem anderen Grund nicht flugfähig sind. Man kann versuchen, sie auf einem mit Zuckerwasser getränkten Wattebausch in ein Glas zu setzen und so zu füttern, bis sie sich erholt haben. Schmetterlinge berührt/transportiert man so: Von vorne und unten an den Flügelwurzeln fassen und leicht zusammendrücken, damit die Flügel gegen oben zusammengefaltet werden und man sie nicht berührt/beschädigt.

Meditation – Bilderreise

Thema: Leben – Tod – Auferstehung mit den Metaphern Raupe – Puppe – Schmetterling.
Vorgehen: Die Kinder machen es sich mit geschlossenen Augen bequem. Nach einigen ruhigen Atemzügen, evtl. sanfter Begleitmusik, liest man langsam und mit Pausen vor, damit die Kinder innerlich mitbildern können.

Text:
a) Soeben bist du als kleine Raupe aus dem Ei geschlüpft. Du windest dich hin und her, entdeckst auf der Erde ein saftiges grünes Blatt und frisst es auf.

b) Doch da ist nicht nur Grün, da sind auch Sand und Staub, die dir zu schaffen machen. Mühsam bewegst du dich weiter bis zum nächsten Blatt. Du frisst und frisst und spürst, wie du immer grösser und dicker wirst. Die Haut spannt sich immer mehr, bis sie reisst und eine neue Haut offen legt. Du kriechst weiter zum nächsten Blatt und fragst dich, ob das bereits das ganze Leben sein soll: immer fressen, durch den Staub kriechen, sich häuten, grösser und dicker werden.

c) Es ist etwas in dir, das nach mehr verlangt: Du kannst es nicht fassen! Doch du weisst, du musst dich auf den Weg machen. Vor dir siehst du einen grossen Baum. Du kletterst an dem Stamm langsam hinauf. Der Weg über die Baumrinde ist mühsam. Du siehst einen grossen Vogel, der vorbeifliegt, und du hast Angst. Doch du bist fest entschlossen. Du erreichst den Ast und beginnst – du weißt selbst nicht warum – dich einzuspinnen, dich immer weiter einzuwickeln, bis du ganz verpuppt bist.

d) Nun ist es ganz dunkel um dich herum. Du bist wie tot. Bewegungslos. Nur Stille umgibt dich. Nichts passiert.

e) Oder doch? Du merkst, wie überall am Körper etwas wächst: Du bekommst Fühler und vor allem Flügel. Sie wachsen wie von selbst, ohne dein Zutun. Ein Wunder? – Du regst dich, wirst unruhig, willst deine tote Hülle verlassen, brichst sie auf, und auf dich strömt Licht ein. Du bewegst die Flügel und kannst fliegen. Du erhebst dich in die Luft: ganz leicht bist du geworden. Wie verwandelt. Du fliegst über die Felder, siehst eine Wiese mit bunten Blumen, so bunt wie deine Flügel. Du flatterst von einer Blume zur andern und freust dich über alles.

Aus: Rainer Oberthür: Kinder und die grossen Fragen. Ein Praxisbuch für den Religionsunterricht, Kösel, ^{3}1998

Erzählen

Emmaus-Geschichte: Die traurigen Jünger erleben den auferstandenen Jesus. (Luk. 24,13-35)

Am See Tiberias: Der auferstandene Jesus bereitet den Jüngern Fisch zu. (Joh. 21,1-14)

Trina Paulus: Hoffnung für die Blumen. Ansata Verlag, 1989. Gleichnishafte Erzählung von zwei lebenshungrigen Raupen und ihrem Drang nach mehr.

Das Lied vom neuen Leben

Am Anfang jeder Strophe: Arme Raupen dort im Staub, ach, ihr müsst euch plagen!
Ihr tut mir so richtig Leid, was müsst ihr ertragen!

2. Ach, ihr Raupen in dem Staub
ohne Sonnenstrahlen,
die auf Wellen dort im Teich
goldne Sterne malen.

3. Dunkel wird es jetzt um euch,
Schlaf wird euch umfangen.
Sitzt ganz still und wartet ab,
ohne Angst und Bangen.

4. Graue Raupen, hört doch her,
ihr sollt Flügel kriegen,
könnt im warmen Frühlingswind
hin und her euch wiegen.

5. Zarte Flügel, bunt und leicht,
schimmern in der Frühe.
Ihr fliegt in ein helles Reich
Ohne Schmerz und Mühe.

6. Bunte Blüten dort im Gras,
seht, wie sie euch winken.
Und den Nektar, zuckersüss,
dürft ihr alle trinken.

7. Jeder Tag ist dann ein Fest,
wird euch Freude bringen.
In den hellen goldnen Glanz
Dürft ihr hoch euch schwingen.

8. Dann wird es nicht Schmutz noch Staub,
Mühsal nicht mehr geben.
Ihr fliegt in ein schönes Reich,
in ein neues Leben.

Text: Barbara Cratzius
Musik: Ludger Edelkötter

Himmelfahrt
(Ninetta Sombart)

Einführung

Jesus fährt zum Himmel auf

Himmelfahrt bildet den Abschluss der Osterzeit. An diesem Tag feiern wir Jesu Auffahrt in den Himmel. Die Bibel berichtet uns Folgendes darüber (vergleiche Luk. 24,50-53; Mk. 16,19-20 und Apg. 1,4-14): Jesus führt seine Jünger hinaus vor die Stadt Jerusalem. Dort breitet er seine Hände zum Segen aus. Mit dieser segnenden Geste wird er vor ihren Augen in die Höhe gehoben. Eine Wolke nimmt ihn auf, sodass er ihren Blicken entschwindet. Zwei Engel stehen dabei und erklären den Jüngern, dass Jesus auf dieselbe Weise wiederkommen werde wie er gegangen sei. Mit grosser Freude kehren die Jünger nach Jerusalem zurück, beten gemeinsam mit den anderen Freunden/Freundinnen Jesu, seiner Mutter Maria, seinen Brüdern und preisen Gott. Auf Anweisung Jesu bleiben sie in Jerusalem und warten dort auf den verheissenen Heiligen Geist. »Der Beistand aber, der Heilige Geist, den der Vater in meinem Namen senden wird, der wird euch alles lehren und euch an alles erinnern, was ich euch gesagt habe.« (Joh. 14,26) »Aber ihr werdet Kraft empfangen, wenn der Heilige Geist über euch kommt und werdet meine Zeugen sein in Jerusalem und in ganz Judäa und Samarien und bis ans Ende der Erde.« (Apg. 1,8)
Bei der Himmelfahrt löste Jesus seinen materiellen, irdisch sichtbaren Körper endgültig auf (Entmaterialisation). Es sind diese Kräfte, von denen man sagt, dass sie seit Christi Himmelfahrt die ganze Natur segnend durchziehen.
Wir können die Himmelfahrt Christi auch als Wiederübernahme seines Amtes als Herr und König über Himmel und Erde verstehen. »Mir ist gegeben alle Gewalt im Himmel und auf Erden.« (Mt. 28,18) »Denn zu welchen von den Engeln hat er (Gott) jemals gesagt: ›Mein Sohn bist du‹ ... vom Sohne aber: ›Dein Thron, oh Gott (gemeint ist hier Christus als göttliches Wesen), besteht in alle Ewigkeit‹ ... und alle Engel Gottes sollen sich vor ihm niederwerfen.« (Hebr. 1,5-14)
Seit 370 kann Christi Himmelfahrt als eigenständiges Fest nachgewiesen werden.

Leitmotiv

Segen – Freude – Dankbarkeit – Erwartung

Sinnbilder

Die Natur

In der Zeit von Ostern bis Himmelfahrt ist in den Jüngern eine grosse Verwandlung vorgegangen. Ihr Schmerz und die Enttäuschung über den Tod Jesu wich Staunen, zunehmendem Vertrauen, grosser Freude – die Jünger blühten richtig auf.
Diesen Vorgang des Aufblühens können wir gleichnishaft auch in der Natur erleben. Von Tag zu Tag wird es lichter, wärmer, farbiger im Wonnemonat Mai. Alles ist ganz frisch und neu. Zu keiner anderen Jahreszeit beleben so viele verschiedene Grüntöne die Pflanzenwelt (Grün = die Farbe der Hoffnung, des Vertrauens, des Herzens, der Verwirklichungskraft Gottes). Naturwiesen erstrahlen jetzt in bunter Blütenpracht. Es ist auch die Zeit der schönsten Morgen- und Abendkonzerte der Vögel. Die ganze Natur scheint ein Loblied auf den Schöpfer anzustimmen. Es ist, als ob sich der Himmel mit der Erde verbunden hätte.

Mondnacht

Es war, als hätt' der Himmel
Die Erde still geküsst,
Dass sie im Blütenschimmer
Von ihm nun träumen müsst.

Die Luft ging durch die Felder,
Die Ähren wogten sacht,
Es rauschten leis die Wälder,
So sternklar war die Nacht.

Und meine Seele spannte
Weit ihre Flügel aus,
Flog durch die stillen Lande,
Als flöge sie nach Haus.

Joseph von Eichendorff

Die Wolke

Eine Wolke besteht aus Wasser. Sie trägt es um die ganze Welt und verteilt es überall. In Form von Regen durchdringt es die Erde und ermöglicht Wachstum. Jesus bringt uns auf der spirituellen Ebene das lebendige Wasser. Seine geistige Kraft durchdringt und belebt die ganze Erde und ermöglicht inneres Wachstum. »Lasst uns streben, mit Eifer streben nach Erkenntnis des Herrn. Sobald wir ihn suchen, werden wir ihn finden, und er wird zu uns kommen wie der Regen, wie der Frühjahrsregen, der die Erde erquickt.« (Hosea 6,3) Vergleiche auch den Abschnitt zum Sinnbild Wasser im Sommerband dieser Reihe im Kapitel Sommersonnenwende/ Johanni.

Wölklein

Wie lustig segeln die Wölklein!
Wo halten sie wohl an?
Es ist ein munteres Völklein
das nimmer ruhen kann.

Hei, wie sie nach Osten eilen!
Sie scherzen und haschen im Spiel.
Sie mögen nicht rasten und weilen
bis an ihr Reiseziel.

Sie steuern weit in die Fernen
in ihrer goldenen Pracht
und sind so nahe den Sternen
in blühender Sommernacht.

Ich wollte, ich wäre ein Wölklein
und könnte der Erde entfliehn,
mit jenem lustigen Völklein
weit über die Länder ziehn.

Hans Rhyn

Aus: Bühler/Lobeck (Hrsg.),

Wenn ich ein Regen wär

Wenn ich ein Regen wär,
ränn ich nieder aufs Laub,
flösse herab zur Erde
und durchtränkte den Staub.

Dränge durch klaffenden Fels
und durch rundes Geröll,
spränge heraus im Walde
als ein geläuterter Quell.

Spielte als Bach, als See
und ergösse mich ins Meer,
schweifte als Wolke wieder
und als Regen daher.

Georg Gisi

Aus: Bühler/Lobeck (Hrsg.),
Scheine Sonne scheine.

Der Himmel

Im Zuge der »Entmythologisierung« in der Theologie (Bultmann) ist auch die Geschichtlichkeit der Himmelfahrt angezweifelt worden. Das Verständnis für solche Vorgänge steht und fällt mit der Anerkennung einer geistigen Welt/des Himmels/des Jenseits, welches der materiellen Welt übergeordnet ist.

»Euer Herz erschrecke nicht! Glaubet an Gott und glaubet an mich! In meines Vaters Hause sind viele Wohnungen. Wo nicht, würde ich euch dann gesagt haben, dass ich hingehe euch eine Stätte zu bereiten?« (Joh. 14,1-2)
Unter Himmel ist hier nicht der sichtbare Himmel (engl. sky), sondern der unsichtbare, geistige Himmel (engl. heaven) zu verstehen. Dieser wird manchmal ausschliesslich sinnbildlich verstanden als Zustand des Glücks, Lichts, Friedens und der Harmonie. Jesus spricht jedoch vom Himmel ausdrücklich auch als einem Ort mit Form und Gestalt: »Unser Vater, der du bist im Himmel«, »Dein Wille geschehe auf Erden wie im Himmel«, »Mein Reich ist nicht von dieser Welt«, »Mit dieser Welt habe ich nichts zu schaffen«. Christus Reich steht über der Erde erhaben. »Ich bin von oben her, ihr aber seid von unten her.«
»Ich werde vom Gewächs des Weinstocks nicht mehr trinken, bis ich es neu trinken werde im Reich Gottes.« Jesus versprach seinen Jüngern sogar, er werde Wohnungen für sie vorbereiten. Wie soll man sich diese »Wohnungen« vorstellen, das himmlische Glück? Hellsichtige Menschen und solche, die an der Schwelle des Todes standen, haben zu allen Zeiten die himmlischen Welten als wunderschöne, überhöhte, nicht

materielle (= feinstoffliche) Entsprechung der irdischen Gegebenheiten beschrieben. (Vergleiche dazu die Hinweise im Kapitel Allerseelen/Totensonntag im Herbstband dieser Reihe, z. B. die Geschichte von Joy Snell, S. 125.)
»Denn das Sichtbare ist endlich, das Unsichtbare aber ist ewig. (...) Denn wir wissen, dass wenn unsere irdische Zeltwohnung abgebrochen sein wird, haben wir ein ewiges Haus in den Himmeln.«
(2. Kor. 4,18 und 5,1 ff)

Flurumgang/Prozession

An Christi Himmelfahrt findet mancherorts eine Himmelfahrtsprozession statt, ein sogenannter Flurumgang. Man umschreitet das Gemeindegebiet (Flur) und bittet um Segen für die ganze fruchtbringende Natur. Die Prozession zeigt sinnbildlich auf, dass wir alle auf dem Weg zu Gott sind – wie Jesus, als er zum Himmel auffuhr. Anschaulich gepflegt wird dieser Brauch noch in Beromünster/Kanton Luzern in der Schweiz, wo im Anschluss an den festlichen Flurumgang demonstrativ eine Christusstatue in den Kuppelraum (Himmel) der Kirche hochgezogen wird. Wir können das alte Brauchtum beleben, auch wenn bei uns keine Prozessionen mehr stattfinden: Ein langer Spaziergang in der Natur, oder vielleicht eine »Flurumfahrung« mit dem Fahrrad? Bei Zwischenhalten pflücken wir einen Wiesenstrauss und nehmen uns Zeit zum Beobachten der Wolkenbilder am Himmel. Was es da nicht alles zu entdecken gibt und sich ständig wandelt. Ganze Wolkengeschichten kann uns der Himmel erzählen! Mit älteren Kindern sprechen wir über den Wasserkreislauf (Wolken als Wasserträger) und machen uns Gedanken über die Bedeutung des Wassers für das Leben auf Erden.
(Mehr zum Thema Wasser findet sich im Sommerband dieser Reihe im Kapitel Sommersonnenwende/Johanni.)
Einen schönen, neuen Brauch bilden in reformierten Gegenden die Konfirmationen an Christi Himmelfahrt.
Mit der Konfirmation betritt man neu, als »kirchlich Erwachsener«, den Weg zu Gott.

Jahreszeiten-Tisch

Hier passt die Himmelfahrtsszene, dargestellt im Bild oder mit biblischen Figuren.

Esstisch

Mit einem selbst gesammelten Wiesenblumen-Strauss schmücken wir den Esstisch, die gebastelten Schmetterlinge lassen wir darüber schweben.
Vorschlag für eine Maikäfer-Tischdekoration: Einer Dattel seitlich zwei Mandeln als Flügel einstecken; sechs Nelken bilden je drei Beinpaare, zwei Nelken die Fühler.

Getränk

Maibowle
(alkoholfrei, 5-6 l)
Viel leicht angetrockneten Waldmeister mit 3 zerbrochenen Zimtstangen, Zitronen- und Orangenscheiben von je drei Früchten bedecken; viel Zucker darüber streuen und mit einem Liter alkoholfreiem, kohlensäurehaltigen Traubensaft ansetzen. Mehrere Stunden ziehen lassen, anschliessend den Waldmeister, die Früchte und die Zimtstangen über dem Gefäss mit der Faust auspressen und die ganze

Flüssigkeit durch ein Sieb in ein grosses Gefäss giessen. Mit 4 Liter Traubensaft (= Kinderschaumwein) auffüllen und nach Belieben mit etwas Mineralwasser verdünnen. Schmeckt herrlich erfrischend! Wenn kein Waldmeister verfügbar ist, kann eine Maibowle auch mit geschnittenen, gezuckerten Erdbeeren, Zitronenscheiben und rotem Fruchtsaft oder Sirup mit Mineralwasser zubereitet werden.

Alte Maibräuche

Der Wonnemonat Mai gab schon seit jeher Anlass zu fröhlichen Frühlingsfesten. In heidnischer Zeit feierte man die Hochzeit einer Frühlingsgöttin. Mancherorts wird deshalb noch heutzutage eine Maikönigin gewählt oder junge Burschen befestigen volljährigen Mädchen einen Maibaum am Wohnhaus. Maibäume werden ebenso auf Dorfplätze gestellt, geschmückt und umtanzt. In der Walpurgisnacht (Nacht auf den 1. Mai) sollen sich, der Legende nach, auch Hexen und Teufel zu wilden Tänzen treffen. Vermutlich geht die Sage der Walpurgisnacht auf ein vorchristliches Fest zurück, das man im Zuge der Christianisierung verbieten wollte. Die alten Bräuche und Riten wurden aber noch lange Zeit heimlich an den alten Kultstätten weiter zelebriert, worauf allerlei schauerliche Geschichten entstanden. Um sich vor Schadzauber über Feldern und Äckern zu schützen, feuerte man Böllerschüsse ab oder versuchte es mit anderen Abwehrzaubern. Man versteckte Besen und Ziegenböcke, damit diese nicht von Hexen zum Luftritt benutzt werden konnten. Auch andere Streiche aller Art werden in der Nacht auf den 1. Mai verübt: Beispielsweise verstecken die Leute mancherorts alles, was rund ums Haus nicht niet- und nagelfest ist, damit es die »Maiburschen« nicht entführen und zur »Schande« der Besitzer auf dem Dorfplatz deponieren.

Vorlesen/Erzählen

Auffahrtsgeschichte aus der Kinder- oder Bilderbibel.

Gebet

Ich bin klein,
du bist gross,
halt mich fest,
lass nicht los!
Gib mir deine starke Hand,
führ mich zuletzt
ins Himmelsland.

Schweizer Mundart (Original):
I by chly,
du bisch gross,
häb mi fescht,
la nid los!
Gib mr dyni starchi Hand,
füehr mi zletscht
i ds Himelsland.

VERENA MORGENTHALER

Aus: Chinder-Psalter, Gotthelf-Verlag/ Friedrich Reinhardt Verlag, Basel [2]1990

Früh am Morgen/Früe am Morge

Kanon

Text Mundart: Alfred Stern

Aus: »Schweizer Liedblätter« Nr. 34, Hug & Co. Musikverlage, Zürich

Übersetzung Hochdeutsch: Franziska Schneider-Stotzer

Himmelfahrt bis Pfingsten: 10 Tage

Die 10 Tage vor Pfingsten dienen der Einstimmung und Vorbereitung auf das Fest der grossen Begeisterung. Wie im Pfingstband dargestellt, ist das jüdische Shawuot das Fest zur Erinnerung an die Gottesoffenbarung am Berg Sinai, als Moses die 10 Gebote übergeben wurden (2. Mose 20,1-17).

Die zehn Gebote

Sie bilden die Grundlage für ein friedliches Zusammenleben aller Menschen und der weiterführenden Gottes-, Nächsten- und Feindesliebe, wie sie Jesus gelehrt hat. Die zehn Tage zwischen Himmelfahrt und Pfingsten eignen sich deshalb besonders, um sich gemeinsam mit einem dieser göttlichen Gesetze pro Tag zu befassen, darüber zu diskutieren oder zu meditieren. Was bedeuten sie heute für uns? Was bewirkt ein Befolgen, was ein Missachten im Bezug auf uns und das Wohl, die Achtung oder das Leid unseres Mitmenschen, ... und was für den Frieden und das Wohlergehen aller Menschen? Wie können wir sie heute verstehen, in unsere Sprache übersetzen in unserer Welt anwenden?
Wir können das Einhalten oder Übergehen dieser Lebensregeln an Beispielen aus unserer Lebensumwelt betrachten und vielleicht auch im Licht der weiterführenden christlichen Empfehlungen sehen.

(Zur Festgestaltung von Pfingsten und weiteren Festen wie Mittsommer/Johanni und Maria Kräuterweihe sei an dieser Stelle der Sommerband dieser Reihe »Von Pfingsten, Mittsommer, Zwergen und Elfen« empfohlen.)

Warum spielen wir Handpuppentheater?
Das Theaterspiel ist eigentlich ein Lebensspiel. Wir können dabei in den Spiegel schauen, etwas über uns erfahren. Die kleinen Zuschauer und Zuschauerinnen haben Gelegenheit, in diese Theaterwelt einzutauchen und mitzugehen, ja mitzureden, mitzulachen, mitzuschreien! Sie erleben alles mit, jede Stimmung, die der Spieler erzeugt: Enttäuschung, Hoffnung, Spannung, Überraschung, Spass, Kummer, Geheimnis und zuletzt die Erleichterung und Freude beim immer guten Ende des Spiels. Wenn Kinder selber Figuren führen, dann tragen sie spielend ihre eigenen Konflikte aus, sie suchen Wege, erfinden Lösungen. Die äusseren Bewegungen setzen sich innerlich fort und machen beweglich, offen, kreativ. Das Theaterspiel bildet einen gesunden Ausgleich zum passiven Fernsehen, wo alles zum Voraus festgelegt ist, kein Eingreifen, oder gar Gestalten des Spielverlaufs möglich ist.

Figuren

Der Fantasie sind keine Grenzen gesetzt. Man kann mit den herkömmlichen Kasperlefiguren beginnen, aber auch Handpuppen zu Festgeschichten und Legenden herstellen (oder entsprechend verkleiden; z. B. eine passende Kopfbedeckung oder ein neues Kleid anfertigen). Die herkömmlichen Figuren treten wie im Märchen generell in zwei Gruppen auf: »Gute« und »Böse«.

Die »Bösen«:
Räuber, Teufel, Zauberer, Drachen ...

Die »Guten«:
Man kann sie grob in drei Gruppen einteilen:

- die Autoritätspersonen wie König, Grossmutter, Polizist ...

- die Helfer und Helferinnen wie Kasper, Zwerg, Fee, Engel ...

- die Opfer wie Prinzessin, Seppel, Jäger ...

Manchmal überschneiden sich die Rollen (z. B. König als Opfer).

Der Kasper
Die alles verbindende, zentrale Figur ist der Kasper. Er sucht seinen Weg zwischen Gut und Böse und kommt dank seines Urvertrauens und seines Lebensmutes immer ans Ziel. Mit all seinen Schwächen und Stärken, seinen Niederlagen und Erfolgen gleicht er uns Menschen, er wird zu einer Identifikationsfigur. Er steht für das Ich (rote Zipfelmütze), für die innere Aufrichtekraft. Aus diesem Grund stellt er auch eine wertvolle Erziehungshilfe ausserhalb des Theaterspiels dar. In schwierigen Situationen kann er als Freund auftreten, der versteht, tröstet, Spass und Mut macht, aber auch ermahnen kann. Kinder, die mit dem Kasper vertraut sind, nehmen von ihm oft mehr an, als wenn Eltern und ErzieherInnen direkt zu den Kindern sprechen.

Tiere und Fabelwesen
Tiere und Märchenfiguren, zum Beispiel Drachen, spiegeln die unbewussten Seelenkräfte im Menschen und tragen in vielen für Kinder geeigneten Theaterstücken eine bedeutende Rolle.

Figurenaufbau

Kopf modellieren
Material:
Styroporkugeln, Durchmesser ca. 6 cm oder Kugeln aus Papiermaché (Zeitung fein zerstückeln, über Nacht in Wasser einweichen, dann auspressen und zu einer Kugel formen), Kartonröhrchen, Länge ca. 5 cm, ca. 2 cm Ø (evtl. selbst gemacht aus eingerolltem und zusammengeklebtem Halbkarton), Holz-Modelliermasse (evtl. selbst gemacht: je eine Tasse feines Holzsägemehl und Weissmehl vermischen und vorsichtig Wasser darunter kneten bis ein fester Teig entsteht), Schleifpapier Nr. 80-100, Plastikbecken zum Anrühren des Modelliermehls mit Wasser.

Vorgehen:
Das Kartonröhrchen 2-3 cm tief in die Styroporkugel drehen (bei Papiermaché noch in feuchtem Zustand); seitlich der Styroporkugel beidseitig etwas wegschneiden. Kopf und Hals mit einer dünnen Schicht Modelliermasse überziehen; dünne Halswulst formen (darüber wird später das Kleid festgebunden); möglichst über Nacht trocknen lassen, da sich auf dieser festen Unterlage besser arbeiten lässt.

Gesicht aufmodellieren:
Einen länglichen Klumpen Modelliermasse auf die Vorderfront des Kopfes geben und das Gesicht mit den Fingern herausarbeiten, Feinheiten mit dem Modellierholz. Kühne Formen wagen um den Ausdruck zu verstärken! Stirn und Kinn nicht vergessen; keine hohlen Backen, ausser als typisches Merkmal einer bestimmten Figur.

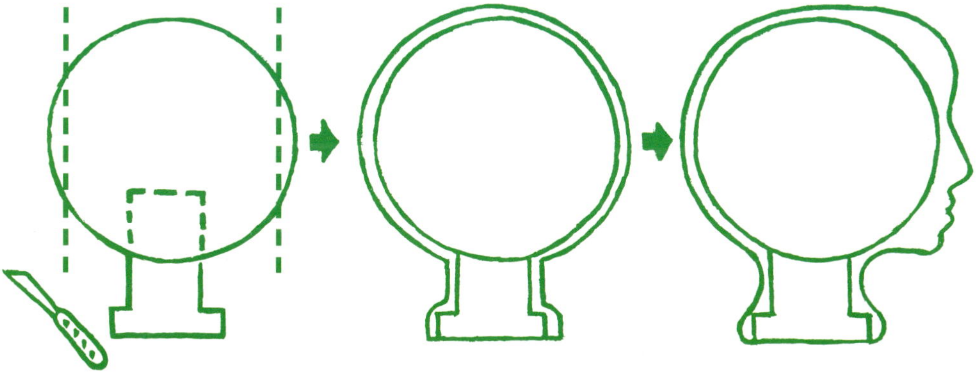

Lippen: Ein kleines, längliches Stück Masse auf die Mundstelle geben, sorgfältig ringsherum hinunterstreichen und mit der umgebenden Masse verbinden. Mit dem Modellierholz die Mittellinie zwischen den beiden Lippen ziehen; Ober- und Unterlippe fertig modellieren. z. B. so:

Beim Modellieren auch das Profil betrachten. Auf die Symmetrie achten, von oben und von unten kontrollieren; zuletzt das Gesicht im Spiegel anschauen – Unregelmässigkeiten fallen dann sofort auf.

Typische Charakterzüge:

- Stupsnasen mit Sommersprossen wirken keck (z. B. beim Kasper).

- Lange Nasen, lange Hälse, eine hohe Stirn verleihen Würde (z. B. beim König, Gelehrten, Zauberer).

- Sehr stark gekrümmte und gebogene Nasen (übertreiben!), hervorstehendes, eckiges oder spitzes Kinn, herabgezogener Mund und starke vorstehende Brauen charakterisieren die bösen Gestalten. Falten, Narben, Warzen gehören auch dazu.

- Ein fliehendes Kinn kann ängstlich, willenlos, lau, schwach wirken.

- Kinder haben meistens rundere Gesichter als Erwachsene.

Kopf bemalen

Materialien:
Deckfarben (Tuben eigenen sich besser), 1 dicker Pinsel Nr. 9, 1 Marderhaarpinsel Nr. 5, Farbstifte.

Hautfarbe:
Die Hautfarbe mischt man aus folgenden vier Farben: viel Ocker, viel Weiss, wenig Rot und Dunkelbraun zum Abtönen.
Den ganzen Kopf inkl. Augen mit der Hautfarbe bemalen (Pinsel Nr. 9) = Grundierung; genügend Farbe anrühren, sodass ein Rest bleibt für spätere Korrekturen (z. B. beim Malen der Augen); trocknen lassen, evtl. mit Föhn oder im Warmluftofen. Beachten: Gesichtsfarbe auf die Handfarbe des Filzes abstimmen oder umgekehrt.

Mund und Wangen:
Mit Farbstift leicht rötlich anfärben (fein stricheln) und mit dem Finger etwas

Watte oder mit dem feuchten Pinsel verreiben.

Augen:
Unbedingt vorzeichnen, dann mit Pinsel Nr. 5 bemalen. Gleiche Höhe und Grösse der Augen und Augenabstand von der Nase beachten. In bestimmter Reihenfolge malen und zwischendurch trocknen lassen: Iris – Pupille – das Weisse – die Wimpernlinien (in der Haarfarbe) – das Lid (etwas dunkler als die Hautfarbe) – die Glanzlichter (weiss).

Braune Augen gelingen immer. Grüne und blaue Augen wirken leicht stechend oder unecht, wenn man sie nicht stark abtönt (mit Grau und Ocker). Als Augen kann man auch Glasperlen, Knöpfe, Pailletten und Spiegel verwenden. Nach dem Bemalen des Gesichtes evtl. mit Spray fixieren. Die Farben werden dabei allerdings leicht glänzend.

Tiere und Fabelwesen
Man kann die Tiergesichter aus Modelliermasse über einem Styroporkern formen oder ganz aus Stoff oder Fell herstellen (evtl. auf einem Drahtgestell). Anschliessend nach Belieben mit Fell, Wolle, Federn, Schuppen (z. B. glänzende Pailletten) usw. ausstatten. Mit etwas Improvisationsgeschick lassen sich aus Wollsocken Tiere für den schnellen Gebrauch basteln: ein Drache aus einer grünen Socke mit roten Knopfaugen, ein Hase aus einer braunen Socke und angenähten Ohren (aus Filz oder gestrickt) und Knopfaugen, ein Esel aus einer grauen Wollsocke mit Ohren und Knopfaugen. Die Hand schlüpft in die Socke und bewegt mit Fingern und Daumen die einwärts gestülpte Fussspitze der Socke als Mund beim Sprechen/Fressen/Beissen.

Perücken

Material: Fell, Wolle, Hanf

Fell
Ausgediente Fellautositze und Pelzmäntel ergeben preiswerte Kurzhaarperücken. Mit langhaarigen Fellperücken lassen sich unterschiedliche Frisuren gestalten.
Auch kleine Fellreste lassen sich gut verwenden: kleine Stücke zusammengesetzt als ganze Kopfbedeckung (die Nähte verschwinden im Fell) oder als Haarkranz beim Grossvater, Mönch, Zauberer ...; für Bärte, die ein würdiges, je nach Bart auch wildes Aussehen verleihen und für Schnäuze/Schnurrbärte, z. B. beim Polizisten. Beim Zuschneiden und Anprobieren der Fellperücken sollte man darauf achten, dass die Haare ins Gesicht fallen und nicht nach hinten stehen.

Befestigen:
Eine lange Fellkante mit vorstehenden Haaren wird mit Weissleim und Stecknadeln rings um den Kopf (Stirn bis Nacken) befestigt und dann direkt am Kopf zugeschnitten und der Kopfgrösse angepasst. Die Fellspitzen kommen am Hinterkopf wie Kuchenstücke in der Mitte zusammen. Es kann auch folgendes Muster verwendet werden (ebenfalls der jeweiligen Kopfgrösse angepasst):

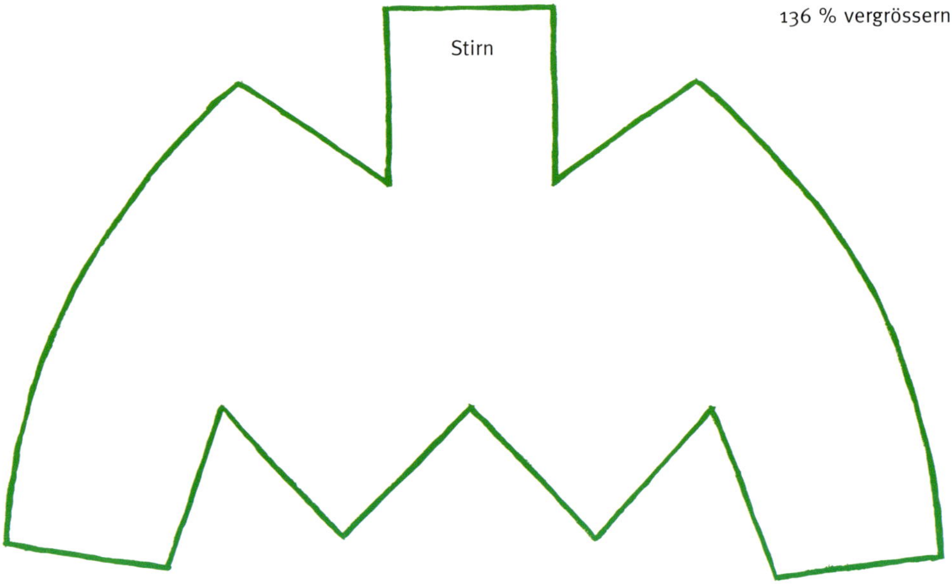

Wollhaare und Hanf
Doppelt so lange Wollstücke abschneiden als das Haar lang werden soll. In der Mitte sehr dicht und mit kleiner Stichlänge auf ein Stoffband (ca. 2 cm breit und 6 cm lang = Mittelscheitel) nähen. Das Band und die unterste Haarschicht am Kopf festleimen und nach Belieben frisieren.

Kleider

Stoffart und Kleiderfarbe auf den Charakter und die Aussage der Figur abstimmen.

Archetypische Farben: König dunkelrot, Königin blau, Prinzessin hellblau. Gärtner/Jäger grün, Zauberer violett/gelb, Hexe gelb/giftgrün, Teufel rot/schwarz. Durch ergänzende Accessoires kann die Wirkung der Figuren unterstützt werden: Hüte, Turbane (orientalische/biblische Figuren), Kopftücher (Hexe, Grossmutter), Schleier (Maria, Fee, Elfe), Spitzenkragen mit Schellen (Narr), Halskrause (Clown), Gilets (Gelehrter, Seeräuber), Schürzen (Gärtner, Grossmutter, Doktor), Spitzen, Flügel (Prinzessin, Engel), Stickereien (z. B. magische Zeichen auf dem Zauberkleid oder Hut), Flicken (bei Räubern und Hexen), Fransen (z. B. am Indianerkleid aus Leder), Quasten (an der roten Kaspermütze), Flügel, Glöcklein, Schellen (an der Narrenkappe), Knöpfe (z. B. goldene an einer Uniform), Brillen, Schmuck, Pailletten, Glasperlen, Kronen, (z. B. aus Metallfolie: mit Stricknadeln Muster eingravieren und Plastikedelsteine aufkleben).

Aus Filz lassen sich mit wenig Näharbeit viele der oben genannten Zusätze anfertigen.

Gestell

Wenn die Figuren nicht gespielt werden, können sie in der Kaspertruhe schlafen oder das Zimmer schmücken, indem man sie über einen Stab stülpt und diesen in eine kleine Flasche stellt.

Muster um 200 % vergrössern

Muster

Kleid mit Filzhänden
Muster doppelt nehmen (Rücken und Bauch); vor dem Zusammennähen des Kleides die vier Teile der Hände auf die eingelegten Ärmel nähen; anschliessend beide Stoffstücke inkl. Hände auf der falschen Seite zusammennähen.

Halsausschnitt: Mit engem Zick-Zack-Stich einfassen; anschliessend einen starken Handfaden (z. B. Cordonet oder reissfestes Baumwollgarn) mit grossen Stichen ringsherum einziehen; dann den Kopf von unten ins Kleid schieben und über dem Halswulst abbinden; zuletzt Kleid und Hände wenden – fertig.

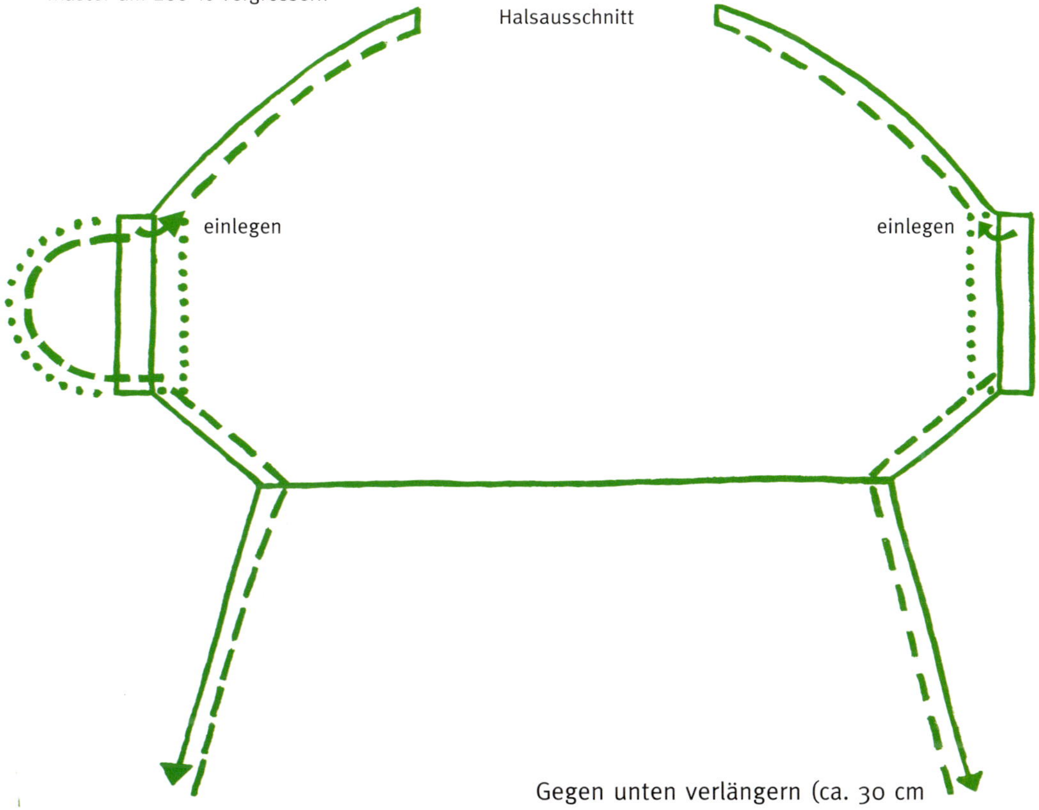

Gegen unten verlängern (ca. 30 cm = Gesamtlänge); wenn möglich unten Webende nehmen, so muss kein Saum genäht werden.

Zipfelmütze

Die Höhe der Mütze ergibt sich aus dem Kopfumfang: jeder Figur neu anpassen.

Zipfelmütze Kasper:
Material: roter Stoff oder Filz, rote Wolle für Pompon oder Quaste.

Zauberer- oder Zwergenmütze:
Gleich wie Kasper-Zipfelmütze nur schmaler und höher (siehe gestrichelte Linie). Die Mütze des Zauberers muss steif stehen, daher ist Filz geeigneter als Stoff. Verzierung der Zauberermütze: Nach Belieben mit glänzenden Sternchen, magischen Runen oder einem astrologischen Symbol: z. B. ♇(Pluto = Metamorphose).

Auf doppelt gelegten Stoff stecken, ausschneiden, Seitennaht und Saum (im Muster eingerechnet) nähen.

Muster um 200 % vergrössern

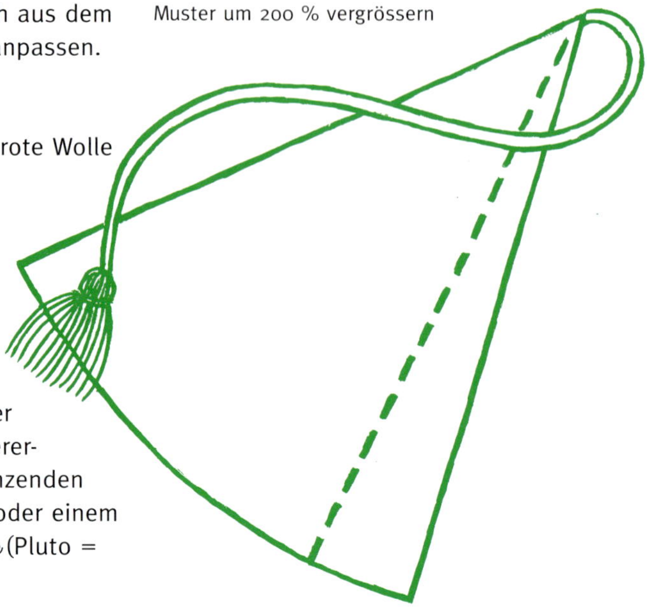

Räuberhut

Material: zwei gleich grosse dreieckige Filzstücke (Basislinie ca. 22 cm, Seitenlinien ca. 15,5 cm). Die Seitenlinien zusammennähen und wenden. Beim fertig genähten Hut die Spitze leicht gegen innen drücken, Krempe umbiegen, rechts auslaufen lassen und links nach oben umstülpen. Je nach Festigkeit des Filzes die Krempe auf der linken Seite mit 2-3 Stichen annähen. Den Hut in der nach innen gedrückten Hutspitze mit einer Stecknadel im Kopf befestigen.

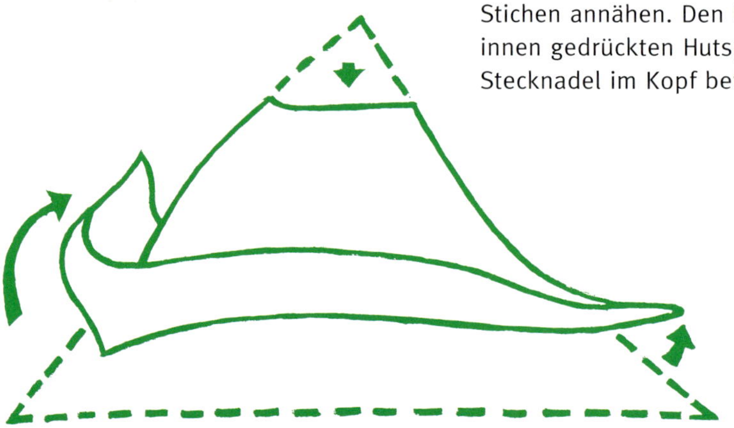

Theater-Bühne

Theater aus Stoff
Die einfachste Handpuppenbühne bildet ein in den Türrahmen oder zwischen zwei Bäume gespanntes Tuch, welches den Spieler verdeckt. Um Nagellöcher beim Befestigen am Türrahmen zu vermeiden, kann man verstellbare Duschvorhangstangen verwenden, am besten zwei. Eine oben hinten im Rahmen für das Kulissentuch (Hintergrund), eine in der Mitte vorn im Rahmen, um den Spieler zu verdecken. Das Spieltuch kann auch den ganzen Türrahmen ausfüllen und mit einem Fensterausschnitt (= Bühne) versehen werden. Wenn man oben am Tuch ein Klettband annäht/anklebt können daran die verschiedensten Kulissen (aus Stoff oder bemaltem Karton) befestigt werden, indem man oben an den Kulissen ein Stück Haftband annäht/anklebt. Die Klett-/ Haftbänder werden meist zusammen auf Rollen, manchmal selbstklebend verkauft.

Tisch- Bett- oder Bodentheater
Als Tischtheater eignen sich grosse Kartonschachteln, z. B. von TV's, Computern, Kühlschränken, ... in die wir auf der Rück- oder Unterseite eine Bühnenöffnung einschneiden (evtl. mit verschliessbaren Türflügeln anstelle eines Vorhangs) und nach Belieben bemalen. Theaterbühnen lassen sich auch ideal unter Doppelstockbetten einrichten: mit Hilfe von Tüchern, zwischen Bettpfosten gespannten Drähten/Schnüren und evtl. einer an der Decke montiertern Vorhangschiene zum Befestigen von Kulissen (dazu dienen Gleiter mit Metallklammern) oder Klettbändern (wie oben beschrieben). Etwas aufwändiger, aber dauerhafter sind selbst gezimmerte, frei stehende Bühnen aus Hartpavatex mit einklappbaren und damit Platz sparenden Seitenwänden. An der Frontseite kann vor der ausgesägten Bühnenöffnung ein Theatervorhang montiert werden (2 Hakenschrauben, eine dünne Metallstange, Vorhangringe oder eine Vorhangschiene mit Gleitern). Als Spielhilfe wird auf dem unteren Rand des Bühnenausschnitts ein schmales Brett befestigt, damit man etwas darauf stellen kann (z. B. Ostereier, eine schlafende Figur, ein Tier, ...). Die Rückwand der Bühne bildet ein leicht transparentes Tuch (z. B. Gaze), welches den Spieler verdeckt, ihm selbst jedoch erlaubt hindurchzusehen. Es hängt über einer Stange oder wird an eine Schiene geklammert. Diese Stange legt man beidseitig in zwei herausgesägte Vertiefungen in den Klappwänden, damit sie nicht verrutschen kann. Eine Vorhangstange mit Gleitern und Klammern hat den Vorteil, dass man verschiedene Spielhintergründe (evtl. ein selbst gemaltes Schloss, Bäume, ein Wald, auf der Seite gerafft) vorbereiten und sie bei Bedarf rasch hervorziehen kann.

Theaterspiel

Um mit den einzelnen Figuren vertraut zu werden, stellen wir uns vor den Spiegel und versetzen uns ganz in die Charaktere und Stimmung der jeweiligen Figur. Den Tonfall (tief, hoch, fröhlich, ernst, laut, leise ...) und die Bewegungsart (würdevoll, tolpatschig, schnell, langsam ...) variieren und damit den Charakter verändern sowie beide Hände einsetzen. Was kann eine Handpuppe nicht alles: sitzen, stehen, gehen, laufen, in die Luft springen, tanzen, sich verbeugen, winken, klatschen, greifen, packen, erschrecken (ein Händchen nach oben strecken, das andere vor das Gesicht halten), weinen (Kopf nach unten hängen lassen,

Händchen vor das Gesicht, schluchzend zucken), trösten, umarmen, streicheln, lachen, flüstern, schreien, singen ...

Auf der Bühne gelten folgende Regeln:
Die Figuren treten von der Seite her auf, mit Ausnahme der überirdischen Gestalten, welche aus verschiedenen Richtungen ins Bild treten können. Handpuppen möglichst immer gleich hoch halten, nicht plötzlich im Boden versinken lassen. Zwischen handelnden Personen Kontakt herstellen: einander berühren, in die Augen sehen. Die unterschiedlichen, vor dem Spiegel geübten Stimmen und Bewegungsarten beim Spielen beibehalten. Möglichst frei sprechen, nicht an Notizen kleben. Die Zuschauer durch geeignete Fragen miteinbeziehen, damit sie aktiv teilnehmen können.

Was spielen wir?
Gegebenheiten aus dem Kinderalltag, Geschichten zu den Jahresfesten, passende Märchen, selbst erfundene Stücke. Einige Notizen als Grundlage genügen; oder man kann einfach aus dem Moment heraus improvisieren. Selbstverständlich eignen sich ebenso gut bereits geschriebene Stücke, aber auch hier gilt: den persönlichen Vorstellungen und Bedürfnissen anpassen. Will man Bilderbuchgeschichten, Märchen, Sagen darstellen, so müssen diese meist abgewandelt und vereinfacht werden: Dialoge einbauen, schwierige oder lange Passagen umgehen, den Kasper selbst erzählen lassen, oder einer anderen Figur die Rolle des Erzählers überantworten.

Kulissen
Als Hintergrund dienen farbige Tücher, welche jeweils eine Stimmung andeuten: hellblau = Himmel/Tag, dunkelblau = Nacht, goldgelb = Palast, violett = Zauberschloss, grün = Wald u. ä. m. Passende Kulissen wie Bäume, Häuser, Gemäuer usw. werden von Kindern mit grosser Hingabe und Begeisterung selber gemalt.

Requisiten
Diese müssen im Verhältnis zur Figur grösser sein als in Wirklichkeit, sonst fallen sie zu wenig auf.

Beleuchtung
Als Beleuchtung eignet sich eine Stehlampe mit 2 Leuchten: eine von unten hinauf, eine von oben herab, damit keine Schlagschatten entstehen.

DANK

Von ganzem Herzen möchte ich allen Menschen meine Dankbarkeit ausdrücken, welche dieses Projekt auf mannigfache Weise unterstützt haben. Mein Dank gilt besonders Gott für Begegnungen, Bücher, Vorträge, Bilder, Reisen, Naturerlebnisse, Engel und Festzeiten, durch die ich reich beschenkt und zu meiner Arbeit inspiriert wurde.

QUELLENVERZEICHNIS KUNSTBILDER

Seite 15
© Pieter D. Torensma (1944)
Frühling-Mandala (1987)
(Vroege-lente-Mandala)
AURORA PRODUCTIONS, Pb 8174,
1802 KD Alkmaar, NL-Holland

Seite 41
David Newbatt
Frühlingsstimmung
(A Spring mood – Sowing the Seed)
Foto: Winstones Press, Stourbridge,
England
© David Newbatt, GB-Aberdeen

Seite 55
Erzengel Gabriel
Fresko, Rumänien
© und Foto: Raffael-Verlag, CH-Ittigen

Seite 63
Einzug in Jerusalem
Byzantinische Ikone
Sammlung Dan Nasta, Bukarest
Foto: Th. Spalinger
© Raffael-Verlag, CH-Ittigen

Seite 71
Otto Baumberger
Abendmahl
Kunstdruck 26,5 x 33,5 cm
© und erhältlich bei Schweiz. Verlag für
kirchliche Kunst, Rollmattstr. 2,
CH-3123 Belp

Seite 81
Dein Angesicht suche ich
Kunst-Foto-Collage
© und erhältlich bei Schweiz.
Verlag für kirchliche Kunst, Rollmattstr. 2,
CH-3123 Belp

Seite 89
Höllenfahrt Christi
Rumänisch-byzantinisch, Ikone
Museum des Klosters von Sucevita,
Rumänien
© und Foto: Raffael-Verlag, CH-Ittigen

Seite 93
Höllenfahrt/Auferstehung
Kloster Daphni
Mosaik, 11. Jh. n. Chr.
© HANNIBAL, GR-Athen

Seite 99
Giotto (1266-1337)
Engel am Grabe
(Noli me tangere. Vers 1305)
Fresko, Padua, Scroveni-Kapelle
© und Foto: André und Ursula Held,
CH-Ecublens

Seite 121
Der Baum
Foto
© und erhältlich bei Schweiz. Verlag für
kirchliche Kunst, Rollmattstr. 2,
CH-3123 Belp

Seite 129
Ninetta Sombart
Himmelfahrt
Öllasur auf Leinwand
© Ninetta Sombart, CH-Arlesheim

Hans Kuhn-Schädler
Staunen wie ein Kind
Ein neuer Weg religiöser Erziehung in der Familie

124 Seiten
ISBN 3-7252-0671-6
Staunen ist immer der erste und wichtigste Schritt zu vertiefter Erkenntnis im Alltag, im Umgang mit der Schöpfung, in der Erziehung wie in der Forschung. Dieser Ratgeber begleitet junge Eltern, denen eine religiöse Erziehung ihrer Kinder am Herzen liegt: einfach ohne zu vereinfachen zeigt er einen Weg, der anregt und nicht überfordert.

Helga Hornung
Lalu und die Schöpfung

28 Seiten
ISBN 3-7252-0700-3
»Woher kommst du?«, fragte Lalu die Sonne. »Und woher kommen die Sterne? Und woher all die Blumen, Pflanzen und Tiere?« Weise lächelte die Sonne: »Ich will es dir genau erklären.« Und die Sonne sang das wunderschöne uralte Lied der Schöpfung. Die leuchtenden Farben und die eindrücklichen Bilder lassen Gross und Klein die Schöpfung nacherleben.

Der kleine Lalu

40 Seiten
ISBN 3-7252-0680-5
Aussergewöhnliches Bilderbuch mit ausdrucksstarken, leuchtenden Bildern. Lalu, ein einsames Kind, begegnet dem Mondprinzen. Aus dieser Begegnung schöpft er die Kraft, seine Isolation zu sprengen, die Natur zu entdecken und Freundschaft zu schliessen.
In beiden »Lalu-Büchern« ist der Text zusätzlich in Blyss-Symbolen wiedergegeben, ein piktografisches Symbol-System für nichtsprechende Behinderte.

Franziska Schneider-Stotzer

Von Pfingsten, Mittsommer, Zwergen und Elfen
Feste und Bräuche im Jahreskreis

153 Seiten
ISBN 3-7252-0696-1
Dieses Werkbuch für Familie und Unterricht bietet praktisches Wissen für die Umsetzung von Sommerfesten wie Pfingsten, Johanni/Mittsommer und Maria Kräuterweihe im Alltag: gestalterische Arbeiten, Figuren, Einsatz von Farben, Lieder, Spiele, Gebete, meditative Bilderreisen, Rituale, köstliche Speisen, Kräuterrezepte und viele Geschenkideen.

Von Erntedank, Engeln und Legenden
Feste und Bräuche im Jahreskreis

153 Seiten
ISBN 3-7252-0689-9
Feste im Jahreskreis ranken sich entlang der religiösen, mythischen und historischen Wurzeln. Sinn und Ursprung, vor allem aber Gestaltungsmöglichkeiten in der Familie und Schule sind reich illustriert und anregend aufbereitet. Wer verstehen möchte, was das Fest des Erntedanks, der Martinstag sowie die lichtvolle Herbstzeit bedeuten und wie diese Ereignisse gefeiert werden können, wird in diesem Werkbuch verwöhnt.

In Planung ist der vierte Band:
Feste und Bräuche im Jahreskreis
Winter: Von Advent, Weihnachten und Dreikönigsfest